総合探偵社ガルエージェンシー編

探偵怪談

探偵が実際に調査した
人間にまつわる42の怖い話

彩図社

はじめに

「探偵」にはどんなイメージを持っているだろうか？

ひとの過去、浮気の事実、失踪者の行方……。真実に迫るには、どうしても調査対象者が隠しておきたかったことを、暴かねばならないときもある。言うなれば探偵という職業は、本来表に出てくることがない人間の本性を覗き込む仕事といえるかもしれない。

そのせいだろうか、探偵はときに決して見てはいけない、怖ろしい物を目の当たりにしてしまうことがある。本書はそんな、探偵たちが実際に体験した事案の〝恐るべき調査報告〟をまとめたものだ。

本書に協力してくれたのは、１２０以上の支社を持つ総合探偵社「ガルエージェンシー」。職業柄日本全国を飛び回る彼らだから経験できたであろう多数のエピソードの中から選りすぐりの〝身の毛のよだつ42の調査報告〟を収録した。

第一章は、「探偵を襲う怪異」。依頼人を悩ませる不快な音、その驚愕の原因を暴いた「ガサガサ、ガサガサ」。カメラがとらえた不気味な人影「ふらついて歩く男」ほか、探偵と人ならざる〝何か〟との遭遇譚を集めた。

第二章は「怖い調査対象者」。依頼人を恐怖のどん底に突き落とす壮絶な復讐劇「最期のメッセージ」、慰謝料を逃れるためにとった衝撃の行動「ラブホで首を切る男」など、生きている人間だからこその『怖い』エピソードをまとめた。

第三章は「罪深きは人間の欲望」。不倫カップルが行き着いた人生の終着駅「愛、燃え尽きた後…。」、美貌の調査対象者に隠された驚くべき秘密「魔性の女　奈津美」など、人間の持つ業の深さゆえに引き起こされたトラブル譚を集めた。

第四章は、「不思議な調査依頼」。深夜の海岸で目撃したずぶ濡れの男の正体「海辺をさまよう男」、探偵が迷い込んでしまったパラレルワールドの世界「香水の残り香」など、奇妙な余韻が残る調査報告をまとめた。


怪異、ヒトコワ、欲望、情愛、謎……。

業あるところには、変異も集まる。

探偵たちは調査の果てに、何を見てしまったのか。

本書を通じて、探偵が恐怖した事件の目撃者にアナタにもなっていただこう。

『探偵怪談～探偵が実際に調査した人間にまつわる42の怖い話～』目次

おことわり：
本書は、探偵が実際に体験したことをもとに書かれていますが、
職務上知った秘密や個人情報の保護のために、一部で脚色・改変を行っています。

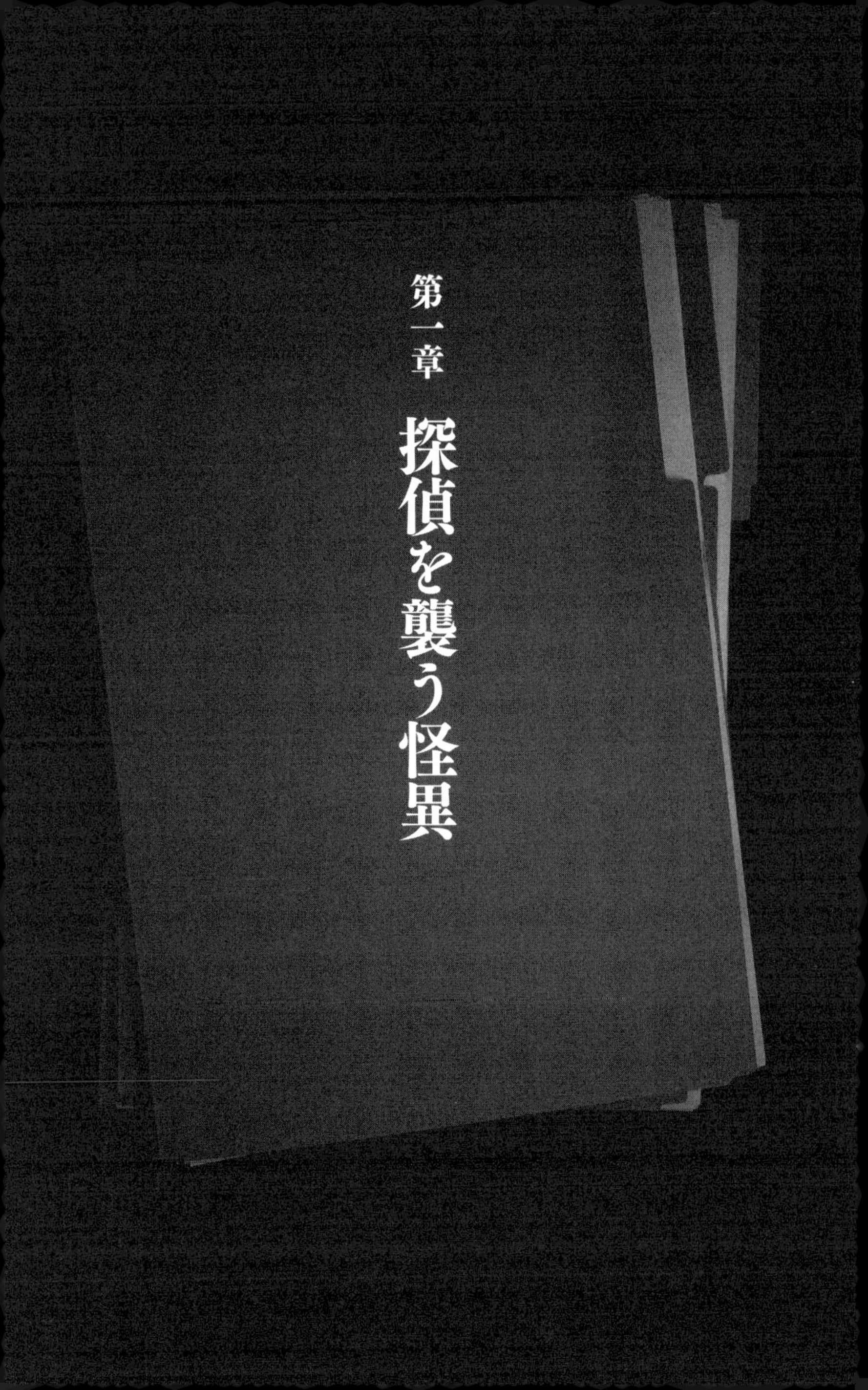

第一章 探偵を襲う怪異

【探偵を襲う怪異　その1】

ガサガサ、ガサガサ

報告者：安和大（ガルエージェンシー松戸）

私は探偵業を営んでおり、これまで様々な依頼を受けてきた。

浮気調査や行方調査はもちろんのこと、結婚事前調査や素行調査や行動調査など、およそ調査といえるものは何でもやってきた。

そんな中であった不思議な体験を話そうと思う。


ある日のこと、怯えた声の女性から電話がかかってきた。

「相談したいことがあるのですが……」というので、「いかがなさいましたか？」と私は尋ねる。相談内容は、女性が住んでいるマンションに盗聴器が仕掛けられているかもしれないので確認してほしいとのこと。

私は盗聴器の有無を確認すべく、女性の住むマンションに向かった。

問題のマンションに着いた。盗聴器が仕掛けられている可能性を考慮し、女性に一旦外に出て貰い、詳しい内容を聞いた。

「数日前のことです。仕事から帰ってきたら、私の部屋の方角から見覚えのない男性が出てきて、廊下ですれ違ったんです。初めて見る人だったから、どの部屋に住んでいるんだろうって、目で追っていたら1階に下りていくまでは見えたのです。

今、住んでいるマンションは引っ越して間もないのですが、同じフロアの住人にはすべて挨拶は済ませているので、その男性は私と同じ階に住んではいないことだけはたしかです。その男性の特徴ですか？　１７０センチぐらいで、年齢は40歳前後、髪が少し長めでした。あと、他にも気になることがあるのですが……とりあえず盗聴発見調査をしてもらえますか？」

私は女性に調査作業が終わるまでは、筆談での会話になるなどの注意事項を伝え、マンションに入る。

女性の部屋は3階の1番端にあった。たしかに用事がなければわざわざ訪れることはない。依頼人が不審に思うのも当然だ。

女性の部屋に入り、早速、盗聴器と盗撮器の発見作業を行う。

1時間ほど念入りに部屋を調べたが、盗聴器や盗撮器、またそれ以外の怪しい機器は見つからなかった。

女性に盗聴器や盗撮器がなかったことを伝えると、安堵の表情を浮かべた。

「なかったんですね。よかったです。実は気になっていたことがあったんです。私の部屋の外の廊下、音がよく響くせいか、週に1度か2度くらい、ほんの数十秒程度『ガサガサ、ガサガサ』っていうスピーカーから漏れ出たような音が聞こえるときがあって。もしかしたら、あの見覚えのない男性が盗聴器をしかけたんじゃないかって思って、それで怖くなって電話をしたんです」

女性はこれから用事があるとのことなので、何か困ったことがあれば連絡下さいと伝えて部屋を出た。携帯電話の電源を入れ、業務連絡がないかチェックするため、女性の部屋の前で少し立ち止まる。

すると、妙な音が聞こえてきた。

「ガサガサ、ガサガサ、ガサガサ、ガサガサ」

どこから音が出ているのだろうか。

周囲を見回すと、女性の部屋の真向かいにある部屋のインターホンから「ガサガサ、ガサガサ」と聞こえてることが分かった。

「彼女が言っていた異音の原因はこれだったのか」

そう思った瞬間。

「ガサガサ……助けて……ガサガサ」

スピーカーから助けを求める女性の声が聞こえたのである。

驚いてそのインターホンを注視すると、次は「ガサガサ」という音と同時に、子どもの泣き声が聞こえた。

何か事件が起きているのか？

「大丈夫ですか？　何かありましたか？」

思わずインターホンに向かって呼びかける。

「……何ですか？」

意外にも返ってきたのは、男性の声だった。スピーカーから異音が聞こえたこと、女性の声や子どもの泣き声が聞こえたことを説明する。

「子どもがいるので、インターホンでイタズラをしたんじゃないですか？」

男性はそう言って取り合ってくれなかった。

私はそれ以上踏み込むことができず、「それなら大丈夫ですね」とマンションを後にした。


マンションの下まで降りてきた。

3階にある盗聴器の調査をした女性の部屋を何気なく見上げたら、真向かいの部屋のベランダから誰かがこちらを見ているのに気がついた。目を凝らすと髪が少し長めの、40歳前後の男が物凄い形相でこちらを睨んでいた。

先ほどのインターホンの件で、私自身が不審人物と思われてるのかもしれない。

「先ほどはすみません」

そう謝った。

するとその男はこう言った。

「分かったのか？」

どういう意味だろう。何を分かったというのだろうか。

私はさっきインターホンで話したことについて聞かれているのかと思い、「いいえ、分からないです」と答えてマンションを後にした。


事務所に戻ると、「スピーカーから漏れたような音は、真向かいのインターホンから聞こえていること、女性がすれ違った40歳前後の男は真向かいの部屋の住人であること」を、依頼人の女性にメールで報告した。

翌日、依頼人から返信が届いていた。

確認すると驚く内容が書かれていたのである。

「私の真向かいの部屋は、ずっと空き室ですよ」

そんなはずはない……。

問題のマンションに確認のために向かう。

すると、どういうことだろう。

本当に空き室だったのである。

不思議なことに、私が男性と会話をしたインターホンの形状が昨日とは別物なのである。部屋にはいま、昨日とはまったく別のインターホンが付いている。付け替えたのか？　いや、そうではないだろう。昨日、私が男性と会話を交わしたインターホン自体が、そもそもこのマンションに存在しないものだったのかもしれない。

過去にこのマンションで何かあったのではないか。気になったので調べてみることにした。

マンション周辺の住人に聞き込みをしていくと、ある事実が判明した。

30年以上前、ここには今あるマンションとは別のマンションが建っていた。バブル崩壊の影響があったのか、当時、そのマンションの3階に住んでいた家族が、子どもを巻き込む無理心中を起こしたという。

聞き込みを続けていくと、当時その無理心中をした家族と親交があったという男性に辿り着き、話を聞くことができた。

「不思議なんだよね。あの事件が起こる前日にも一緒に食事をしたんだけど、自殺するような様子は一切なかったんだよ」

親交があった時の写真が何枚かあるということなので見せてもらった。

その写真の中の1枚を見て、私は驚愕した。

20人ほどで山にキャンプに行った写真であろう。その写真の中で話をしてくれた男性と、無理心中したという男性が仲良く肩を組んでいる。

その背後、高い位置にある岩場の陰から、無理心中した男性に睨むような視線を向けている男が写っていた。その男こそ、あのマンションの3階のベランダから私を物凄い形相で睨んでいた男だった。

男性にその男について聞いてみた。しかし、キャンプにはいろんな人がきていたので、いまとなっては誰なのかまったく分からないという。3階に住んでいた一家の無理心中は、このキャンプの1か月後に起きたのだ。

「分かったのか？」

あのとき、3階のベランダにいた男はたしかに私にそう言った。

一家心中の真相が分かったのか……男はそう問いかけていたのだろうか。

謎ばかりが残る、不思議な体験だった。

【探偵を襲う怪異　その2】

ふらついて歩く男

報告者：山下淳子（ガルエージェンシー大阪本部）

肌寒くなってくると思い出す話がある。もう十年も昔の話だ。

初秋の頃、女性から事務所へ電話相談があった。

「夫の帰りが急に遅くなることが増えてきて……。考えたくはないんですけれど、浮気をしていないか不安で。夫を調査していただけないでしょうか」

話し方からして、とても深刻なご様子。急ぎとのことだったのでさっそく面談を行うことになった。事務所にやってきたのは、ショートカットでほっそりとした肌の白い美人。きれいに塗られた口紅が印象的であった。

女性はとても憔悴した表情で、うつむきがちにこう話した。

「最近夫の帰りが遅くて……。仕事帰りに何をしていたか聞いても、どうだっていいだろうとか、飲んでいただけだとか、はぐらかすんです。それに最近ぼーっとしていることが増えたような気がします。前までそんなことはなくて、テキパキというか、すごく真面目な人だったんですけれど」

とにかく一日でも早く浮気をしているかどうかが知りたい、というご希望だったので早速、次の日から調査を開始することになった。

浮気調査の張り込み予定は、2人がかりで3日間。同僚の男性調査員と気合を入れて潜伏すること1時間ほどすると、依頼者が告げた退勤時間とそう変わらない時刻にターゲットが現れた。

職場があるビルの玄関を出たターゲットの男性は駅の方へと歩き出した。これはなかなか快調な滑り出しだ、と思いながらターゲットのご主人を追いかける。尾行の途中で気になったのは、ビルを出たときからターゲットがふらふらとおぼつかない足取りをしていることだった。ときどき体が傾き過ぎて、転びそうになることもあった。

退勤直後に酒を飲んだのだろうか。もしそうだったらなかなか飲ん兵衛だ、などと考えつつ尾行を続行する。依頼者が言っていた帰宅ルート通りに最寄りの駅へと向かうのかと思っていたが、大通りの信号前でいきなり方向転換。一体どこに向かうのかとしばらくついていくと、何もない山へ続く道へと向かっていくではないか。

（山？　なんで山なんかに向かうんだろう？）

尾行途中、同僚がご依頼者様と連絡を取り合ったが、山のほうへ行ってもこれといった店があるわけもなく、向かう用事は思いつかないとのことだった。

首を傾げつつも山へのなだらかな坂道を上り続けるご主人をそのまま追いかけたが、茂みの中へ入られてしまったため、対象者に見つかることを危惧し、依頼者に確認のうえ尾行を切った。

依頼者の奥様いわく、明け方近くになって、ご主人は帰宅されたという。

その次の日の昼ごろ、一体あの人は何をしに山へ向かったんだろう、やけにふらふらして不気味だったよね、などと雑談をしながら尾行を担当した2人で撮影した動画を確認した。画面には会社から出た男が映し出されている。

映像を見ていたその途中、私たちに戦慄が走った。

ふらついて歩くターゲットの隣に、腕にしがみつくようにして歩く女が映っていたのだ。

「わーっ！　なにこれ⁉」

「おい、こんな女性、昨日いなかったよな⁉」

2人で顔を見合わせたが、こんな女性は見ていないとお互いが首を振る。

心霊の類か、と体を震わせつつ映像を続けて見ると、ターゲットの体が大きく車道側に揺れたときは女がひっぱっているようにも見えた。これならばあの足の異様なふらつきも納得がいく。もはや虚勢を張ることもできず、身体がぶるぶる震える。それでも動画を最後まで見ようと再生を続けると、女がゆっくりと画面越しに振り返り、にんまりと笑ったところでノイズが走り動画は中断された。

私たちは頭を抱えた。

「これはまずいことになった」

慌ててその動画データを編集し、この女性に見覚えはないかとお送りしたところ、ご依頼者からすぐさま電話がかかってきた。

「お送りいただいた動画、確認しました。心あたりがあります。また事務所に伺ってもよろしいでしょうか？」

日時を決め、電話を切ろうとした際に、

「あの女……」

と依頼者が一言こぼした。とてもあのときに事務所にいらっしゃった女性とは思えない恐ろしい声だった。

後日事務所にやってきた依頼者に話を聞くと、映像に映り込んでいた女性は、事故で亡くなったご主人の婚約者と似ているのだそう。その方の写真も見せていただいたが、その姿は本当にそっくりであった。

奥様は旦那様をお祓いへ連れて行くと言い、何度も何度も感謝していた。

奥様を見送った後、私たちも事務所を後にした。

とりあえず解決したようで良かった、あんなことが現実にあるんだな、などと話しつつ、飲みに行くために道を歩いていると、ドンと2人同時に肩を車道側に突き飛ばされた。転んだ後、すぐ体勢を立て直し歩道へと逃れたが、タイミングが悪ければ車に轢かれていたかもしれない。今のはもしかしてと隣を見ると、ぶるぶる震えている同僚と目が合った。どうやら気のせいなどではないようだった。

即座にお祓いをしてもらおうと同僚と同時に携帯を開いた。しかしどちらも圏外。さらにパニックになり2人でお互いに縋りつくようにしながら町の開けたほうに走り、道中にあった大きめの神社に飛び込んでお祓いをしてもらった。

帰る頃にはすっかり夜も更けていた。駅までの道は薄暗く、電灯も少なかった。私たちはまた突き飛ばされないかと不安に思いながら帰路を急いだのだった。

以来、私は酔っ払いが歩いているのを見ると心臓が高鳴る。尾行調査の動画を確認するときは、あの女が現れるのではないかと緊張する。

あの女はそれほど大きな傷を私の心に付けたのである。

【探偵を襲う怪異　その3】

ある夏の1ページ

報告者：佐藤紀征（ガルエージェンシー浦和）

あれは8月の暑い日のことでした。

長崎県にお住まいの高齢のご夫婦から、息子さんの様子を見に行ってほしいというご依頼を受けました。

息子さんは数十年前にひとり埼玉県に移住し、定期的に連絡を取っていたそうですが、ここ最近は手紙やメールを送っても返信がないといいます。

心配だけど遠方でなかなか会いに行くことができない、ということなのでご夫婦と行方調査の契約を交わしたのです。

息子さんが住んでいたのは埼玉県さいたま市浦和区にある古いアパートの2階でした。

最寄り駅から離れた場所にあり、人通りも少なく寂しい雰囲気が感じられます。

しばらく外から息子さんの部屋を見ていましたが、室内は明るく窓ガラスを通してテレビがついていることが確認できました。人の出入りはありません。

もう少し待っていれば息子さんが出てくるかもしれない……と思い、夜まで粘りましたが、日中と変わらない様子なので部屋の前まで行くことにしました。

ドア越しからテレビの音が聞こえ、扉には張り紙が貼られていました。


『上から何かが漏れています！』


下の階の住人からでしょうか。そんな言葉が書かれていました。

一体どういうことなんだろう……と考えていると、ドアの隙間からふわっと血生臭い臭いが漂ってきました。

「うっ……」

思わず息を止めてしまうくらい、人間の本能に訴えかける嫌な臭いです。

これを嗅いではいけない、これ以上はまずいと脳が危険を知らせているのがわかりました。

鼻と口を手で覆い、再度張り紙を見ると日付は4日前になっていました。

数日経っているのだから、一度は外に出て張り紙に気づいて剥がしますよね。

ドアの前に立っているだけでどよんとした空気、そして真夏なのに身の危険を感じるような寒気がした私は、すぐに下の部屋へと向かおうとしました。

しかし、このとき何かにひっぱられる感覚があり、不思議とその場から離れるのに時間がかかりました。

息子さんの住む部屋の下には、年老いた大家さんが住んでいました。

実はこういう件でこの方を探しにきたのですが、部屋の前に行ったら……と事情を説明すると、大家さんは、数日前から悪臭のする液体が天井から滴り落ちてきたこと、注意をするために電話をしたけれど出なかったこと、直接部屋まで行ってドアをノックしても返答がなかったこと、そのときもテレビの音が聞こえていた、ということを話してくれました。

話しているうちに、もしかしたら何か事件に巻き込まれたのかもしれないと思い、大家さんと一緒に息子さんの部屋に行って、不在でも鍵を開けるということになりました。時間は22時頃になっていました。暗闇の中、息子さんの部屋には相変わらず灯りがついており、テレビの音が聞こえてきます。大家さんがドアをノックしながら声をかけましたが、もちろん応答はありません。

それを確認してから、ゆっくりと鍵を開けました。

ドアを開けたときの光景は今でも忘れられません。

部屋中血だらけで、目の前には男性が布団の上で横向きになって死んでいました。血と体液が布団の上にべっとり溜まっていて、そこで吸収できなかった液体が畳に漏れています。

大家さんの部屋の天井から漏れていたのは、息子さんの血だったのです。

男性の皮膚には死斑が出ていました。トイレには血を吐いた跡があり、そこから這いつくばって布団で息絶えたと思われます。

すでに死んでいるのはわかっていましたが、私はすぐに救急車を呼びました。救急隊員がくるまで10分くらいだったでしょうか。到着してすぐに死亡宣告をして警察に連絡をしていました。

死因は動脈瘤《どうみゃくりゅう》破裂《はれつ》。

死亡推定日は8月20日。

死後5、6日ということでした。

後から到着した警察官が遺体を引き取ることになりましたが、遺体が体液と血で布団にくっついていて乾いて固まっている部分もあったので、遺体のまわりを切って布団ごと運んでいました。

一段落がついてから、私は第一発見者としてパトカーで事情聴取を受けました。

そしてそれから、1週間ほど眠れない夜が続きました。どんなに他のことを考えても、部屋を開けた瞬間のあの光景が鮮明に夢にでてきてしまうのです。

部屋の異常を感じて下の部屋に向かう際に感じた何かにひっぱられる感覚……。あれはもしかしたら息子さんだったのじゃないか、自分を置いていかないでと引き留めていたのだろうか、そう考えると日中も考えずにはいられませんでした。

息子さんの死亡に関して、ご両親には警察から先に連絡がいきました。

改めて私からも状況を報告したところ、おふたりは泣いてありがとうございましたと言ってくださいました。

ひとり孤独に亡くなられた息子さんはまだ49歳でした。

探偵という職業柄、すべてのご依頼者様が笑顔になるよう一生懸命調査をしてきましたが、このときばかりは悲しい結末になってしまいました。

【探偵を襲う怪異　その4】

車に、いる。

報告者：渡邉文男代表（ガルエージェンシー本社）

車にまつわる幽霊話は、墓地やトンネルと同じくらい多い。事故車を買ったら事故に遭ったとか、どこそこを走っていて幽霊を乗せてしまったとか。しかし、ほとんどがまったく根拠のない話である。話の作り手の意図が「怖がらせてやろう」ということに集中しており、客観的な事実にはいっさい触れていないからだ。

私はあるいきさつから、一台の車を調べることになった。

1995年の5月、テレビ朝日の『目撃！　ドキュン』という番組で、当社のスタッフが「私たちに調べられないものはありません」と豪語してしまった。それを見ていた茨城県の太田香織（仮名）さんから、「ぜひ、調べてほしいことがあるんです」という手紙がきた。車の中で、幽霊に出くわしたというのだ。手紙の主要部分は次の通り。

最近のことです。付き合っている彼が、中古車センターで黒い小型車を買いました。さっそくドライブに行ったのですが、そこで変なことが起きたんです。たとえば、何もしないのに助手席の窓が開いたり、エアコンがついたり……。カセットテープが途中で止まり、しばらくしてからいきなり再生したこともあります。彼は「電気系統の故障だろう」と言い、すぐにその車を買った中古車センターに持っていきました。そこの所長は、自分のところに立派な修理工場があるのに、勝手に車をメーカーのディーラーにもっていきました。費用は会社側でもつと言って……。

今考えれば、その車に関わりたくないといった感じでした。2日後、ディーラーから電話がありました。

「この車は、どこも悪くないですよ。事故車でもないし……」

私は彼と一緒に車を取りに行き、その晩、千葉の海へドライブに出かけました。ところが、またカセットデッキの調子がおかしいんです。松田聖子の曲、『渚のバルコニー』の「きっと、きっとよ～」のところが引っかかって何回も再生され、最後はプツンとテープが止まってしまいました。同時に、車のガラスがパッと曇ったんです。

彼は「おかしいなあ」と言いながら、フロントガラスをタオルでふきました。

私はそのタオルを受け取ったのですが、見てビックリ！　女性の長い髪の毛が数本、タオルにまとわりついていたんです。

「車、止めて!!」

私は絶叫しました。

でも彼は、「きっと前にこの車を持っていた人のものだろう」と言って、窓からタオルを捨てたんです。

そのまま走っていると、今度はルームミラーが気になってきました。私が乗っている助手席からは、彼の顔しか見えないはずなのに、何かが後ろにいるような気がして……。

体をずらしてミラーに映った後部座席を覗き込むと、なんと若い女の顔が見えたんです。苦しそうに、ハァハァと息をしている。あの顔……。今も、思い出すだけでゾッとします。失神するくらい驚いたけれど、かなりスピードが出ていたので、彼を動揺させないよう「止まって……」とだけ言いました。

「またか、なんだよ」と彼はこちらを見ましたが、私と同じく気配を感じたのでしょう。

視線を後部座席に移しました。

「ギャーッ！」

彼は急ブレーキを踏むと、車から転がり出ました。でも、私はドアを開ける力を失い、シートから動けなくなったんです。

するとその女は、スーッと運転席に移ってきました。腰から下がありません。髪の毛を振り乱し、口からは血が流れ出て、苦しそうに目を大きく見開いています。彼女は、右手でハンドルを握ると、左手を伸ばしてきました。

あまりの怖さに気が遠くなって……。しばらくして気がつくと、タクシーの中にいました。彼は車を捨てて、私を抱きかかえ、タクシーを拾ったんです。その女のことを聞くと、「俺もはっきり見た」と言いました。

翌日、ゆっくり車を観察すると、あちこちに爪の跡がありました。

この車には何かあると思った私たちは、中古車センターの社長を問い詰めたんです。でも返ってきたのは、くだらないことに関わっているヒマはないといった横柄な態度。腹が立った私たちは、車を置いて帰りました。

その後、中古車センターの所長から電話があり、「売った値段で買い取ります」と言ってきました。

その中古車センターは茨城県岩井市にあります。どうか、あの車のことを調べて頂けませんでしょうか。あの幽霊の目が忘れられないんです。怨念がついているのなら、供養が必要なはず。一度関わってしまった以上、このままにしておくのが不安で……。


私は太田香織さんに電話を入れた。そのときちょうど本を執筆中だったので、もし調査の結果、幽霊につながる事実が出た場合は、題材として使わせてもらいたいと申し込んだ。すると彼女は、二つ返事で了承し、彼氏も協力してくれると言った。


まず調査は、この2人を連れて中古車センターに向かうことから始まった。相手側に連絡はしていない。

目的地に着くと、中古車売り場や修理工場を調べた。やはり、例の黒い車はない。売れるにしては早すぎる。

口外はしないことを約束して、所長にあの車の因縁について聞き出そうとした。だが「知らない」の一点張りで、口を割ろうとしない。因縁のある車と知っていて売ったとあれば、会社の評判に関わるので言いたくても言えないのだろう。

しつこく食い下がると「車は前の持ち主に返した」と白状した。前の所有者は、陸運局で移転登録の交付を受ければわかる。前の持ち主に戻されたという事実に、ただならぬ因縁があることが推測された。

翌日、練馬の陸運局へ行き、前の所有者を割り出した。ナンバーさえわかっていれば誰にでも調べられる。中古車を買って霊障を感じた人は、前の所有者を自分で調べてみるといい。

前の所有者は高岡剛（仮名）。茨城県岩井市岩井一××マンション杉山××。現地に行ったが、かなり前に引っ越した後だった。

市役所へ行き、転出先を調べると、剛の住民票は実家に移っていた。茨城県水海道市。門構えの立派な、大きな家だった。そこにも彼はいなかった。車のセールスマンを装い、両親を当たって行方を探る。すると、剛は2年前から行方不明になっていることがわかった。問題の車は、剛の妻が乗っていたもので、先日、彼女の親から「処分したいので、名義人である剛の印鑑証明をくれ」と頼まれたとのことだった。剛の妻に話が及ぶと、両親は「知らない。これ以上話す必要はない」と家の門を閉ざしてしまった。言葉通り、この家の周囲に黒の小型車は見当たらない。

私は、剛の妻である美幸（仮名）の行方を調べた。するとと、5年前、22歳の若さで死亡していることが分かった。やはり因縁のある車だったのだ。戸籍には死亡原因が記載されないので、女性調査員を彼女の実家、茨城県谷和原へ向かわせた。


林に囲まれた古い家は、昼だというのに薄暗く、不気味な雰囲気だった。扉を叩くと、優しそうなおばあさんが出てきた。美幸の祖母らしい。女性調査員、原井理久子は、「美幸さんとは高校の同級生だったんです」と挨拶した。

おばあさんは、孫の友達がきたとたいそう喜んで、位牌のある部屋へ通してくれた。そこには、仏壇のそばに美幸の遺影がかけられていた。歌手の川越美和にそっくりの、可愛らしい女性だ。おばあさんは、彼女の死因が自殺だったことを告白し、いきさつを話してくれた。その口調から、孫の恨みをはらしたいという気持ちが感じられる。夫の剛（26歳）は、女ができてから、美幸の待つマンションに帰らなくなった。美幸は1年間ものあいだ悩み苦しんだあげく、ある日、剛と浮気相手の女が住むコーポの裏に車を停めた。

玄関のドアを叩いたが、居留守を使って出てこない。あきらめて車に戻ると、あらかじめ用意していたカッターナイフで深く手首を切った。それが致命傷となったのだ。ためらい傷はなく、覚悟の自殺だった。彼女は消えゆく意識の中で、自分の血を使ってサイドウィンドウに文字を書いた。『つよし、呪う』と……。

死体は翌朝、近所の住民が発見し、車の周りはやじうまでいっぱいになった。傷の痛みに苦しんだのか、ハンドルを強く握りしめており、死後硬直のため、爪の先がハンドルに食い込んでいた。鑑識課員が彼女の手を外そうとしたとき、人差し指と中指の爪がもぎ取れてしまったほどである。髪の毛も、掻きむしって引き抜いた跡があり、何十本と後部座席に抜け落ちていた。おばあさんはその束を警察署員からもらい、大切にしまっているという。

死ぬ覚悟は決めていても、死に至る恐怖は相当なものだったに違いない。その他にも、断末魔の痕跡は車のあちこちに残されていた。

剛は外の騒ぎを聞き、窓から様子を覗いて愕然となった。目の前で妻の死体が担架に乗せられるところだったのだ。その後、剛は、周囲の冷たい目が耐えられなくなり、愛人を残して実家に戻った。以後の消息は、おばあさんも知らないという。

問題の車は、家のはずれにある納屋の中にあった。美幸の両親が広島に長期出張する前に売ったのだが、例の一件で中古車センターから突っ返されたのだ。車を供養するので売って欲しいと頼んだところ、おばあさんは「中古車センターの所長が、車に美幸がいると言ってたから、このままいさせてやりたい」と言う。やはり所長は、車の因縁を知っていたのだ。

部屋に戻ると、おばあさんは美幸の子どもの頃のアルバムをみせてくれた。「反抗期もなく、本当にいい子だったのに……」と涙ぐむ。

そして「あんな男に引っかかってしまって……。美幸が死んだとき、家族全員で旦那（剛）を恨んだ」と言った。美幸と一緒に写っている女の子について尋ねると、「この子は美幸の妹だよ。今は、赤い屋根の病院に入院している。可哀そうな子だよ……」と。

この地方で赤い屋根の病院といえば、精神病院を指す。美幸が死んだとき、純粋無垢な妹は凄まじいショックを受けた。というのも、美幸からこんな話を聞かされていたからだ。

「結婚してからずっと、剛は私の貯金通帳からお金を引き出しているの。1万円、2万円って。それでも愛してるから、我慢してた。昨日ね、ジュエリーの店から、指輪のサイズの確認の電話があったの。嬉しかったわ！　剛が、私のためにこっそり買いに行ったと思って……。ありがとうって言おうとして、彼の会社に電話したの。そうしたら、『おまえに買ってやるわけねーだろ』って言われたのよ……。それで私、はじめて反抗したの。『お金を無断で引き出しても、黙って我慢してあげてたのに』って。するとプツっと切れちゃった。もう、剛は帰ってこないかもしれない……。なんだか怖い……」

美幸がおとなしいことをいいことに、身勝手な態度をとり続ける剛。挙句には、美幸を自殺に追い込んだ。それを知っていた妹は、直接、剛が姉を殺したと思ったのだろう。恨みは募り、とうとう精神に異常をきたしてしまった。その後、剛の実家に恨みの電話をかけ続け、警察沙汰にもなっている。現在、彼女が精神病院に入院して4年が経つ。彼女はまだ若い。この先も同じ状態が続くとすれば、あまりにも不憫だ。残酷すぎる……。

私は、今までの経過を電話で太田さんに伝えた。すると彼女は、突然ワアワアと泣き出した。わけを聞くと、「美幸さんは私と同じ境遇だったんですね」という。彼氏に他の女がいるというのだ。しかも、彼を問い詰めたら二度と自分の元に戻ってこない気がして何もできない。辛くて仕方がないと……。

美幸の霊が、同じ環境に苦しんでいる太田さんの心と共鳴し、今回の一件を引き起こしたのではないだろうか。あの車を選んだのも、たまたまではなく、霊が太田さんの彼氏を呼び寄せ買わせたのかもしれない。罰を与えるために……。

今も車は、納屋の闇の中で眠っている。だが、美幸の両親が出張から戻れば、またどこかの中古車センターに売られるかもしれない。それを買うのは誰だろうか。

【探偵を襲う怪異　その5】

死してなお、復讐を遂げる女

報告者：柿沼信之（ガルエージェンシー東京中野）

暑いながらも過ごしやすい日が続いていたときのこと、夫の浮気相談をしたいと40代の女性が事務所を訪ねてきました。

奥様は旦那様と社内恋愛の末、すぐに子どもを授かりスピード婚。子どもを溺愛する良い父親だったそうですが、最近になって旦那様の出張が多くなり、１週間に一度のペースで外泊するようになったそうです。

奥様は久しぶりに旦那様の会社に勤める同僚の女性に連絡を取り、最近の職場事情を聞いてみると、確かに出張はあるけれど多くても月に一度か二度あるかないかだというのです。

その他、ＬＩＮＥが頻繁にくるようになり、食事中や入浴中でもやたらとスマホを手にするようになったといいます。それに関して尋ねると、旦那様は「仕事の連絡だから」と素っ気ない態度。明らかに不審な点があるという奥様は、離婚をしたいわけではなく事実確認として旦那の行動を調査したいと申し込まれました。

調査は出張と言われている日程すべてで行いました。

１回目は本当の出張、２回目は職場の仲間数名と飲みに行き、途中女性と２人で抜けてラブホテルへ入っていくところを撮影できました。

そして、３回目はカーシェアで車を借りてから、２回目でホテルに入った女性の家へ。女性は大きな荷物を抱えて車の中に詰め込み車を走らせました。

到着したのは神奈川県内にあるキャンプ場。まさか対象者がキャンプ場の予約をしていたとは思わなかったので、私と調査員は急いで管理事務所に向かい宿泊できないか交渉をしました。

予約はすでに埋まっていましたが、平日ということもありキャンセルが出るかもしれないと言われ、キャンセル待ちすることになりました。

対象者が女性と楽しそうにテントを張って焚き火の準備をする中、居場所のない私と調査員はうろうろしながら2人の様子を見ていました。

17時頃、ようやくキャンセルが出て、なんとかバンガローに宿泊できることになりました。寝床を確保できた私たちは、安心して撮影を続けました。

夜も更け23時を過ぎた頃、対象者と女性がテント内に入ったので、そっと近づき不審な動きがないか耳を澄ませました。1時間ほど経って2人が寝たことを確認し、私たちも少し休もうとバンガローに戻りました。翌朝は5時から調査を開始するので、午前2時前に打ち合わせを終えて私は調査員と隣合わせで寝たのです。

うとうとした頃、ふいに金縛りが襲ってきました。

「俺、疲れているんだなあ」と思っていたのですが、いつもより締め付けが強く、「何だこれは！」と思った瞬間、耳元に吐息を感じて何かを囁かれました。

調査員がいたずらをしたのだと思い目を開けると、そこには日本髪を結っている白塗りの女性の首から上だけが浮いていて、隣で寝ている調査員のほうを見ていたのです。

私は恐怖に震え、目を閉じて知っているお経をひたすら唱えました。

最近お葬式に出る機会が多く、一部覚えたお経があったのです。

お経を唱え続けていたところ、ふと金縛りがとけたので恐る恐るもう一度目を開くと女性の首は消えていました。

バンガローの中にまだ女性の霊がいるかもしれないと思った私は、寝ていた調査員をたたき起こして一緒に外へ出ることにしました。ひとりでいるのも怖かったからです。

せっかくなので私と調査員は対象者の様子を見にテントの近くへ行きました。

案の定静かだったので寝ているようでした。

スマホのライトを頼りに少し離れた場所にあるトイレへ向かおうとしたとき、茂みのほうから女性の声が聞こえました。急いで調査員にカメラを取りにいかせ、赤外線カメラで撮影してみると、そこで対象者と女性が性行為をしているではありませんか。

完璧な証拠が撮れた私たちは後日ご依頼者様に報告をしました。

ご依頼者様は最初はショックを受けて泣き崩れていましたが、だんだん怒りの表情に変わっていきました。そこでこんなお願いをされたのです。

「行為の部分だけの映像を作ってくれませんか？」

「なぜ、そんなものが必要なんですか？」

「夫と浮気相手、そして２人の上司を喫茶店に呼び出しているんです。その場で映像を見せてあげようと思って……」

そういってご依頼者様は静かに笑いました。

編集した動画を渡すついでに、対象者の浮気の証拠を押さえるきっかけになった女性の生首について、心当たりがないかご依頼者様に聞いてみました。

すると「間違っているかもしれませんが……」と断ったうえで、こんな話をしてくれたのです。

なんでも旦那様には、ご依頼者様と結婚する際、別に交際している女性おり、彼女は旦那様にさんざん貢いだ結果、捨てられたことに絶望し、自ら命を絶ったといいます。

「でも、仮にその話が本当だったとしても、現代の話ですよね。私が見たのは、日本髪を結った古風な感じの女性でした。その女性とは別人なのでは……」

そう疑問をぶつけると、ご依頼者様はゆっくり首を振るのです。

「いいえ、合ってます。亡くなった女性は芸者だったそうです。日本髪で、白塗りの女性だったら……きっと彼女に間違いありません」

【探偵を襲う怪異　その6】

屋根裏の謎の死体

報告者：渡邉小夏（ガルエージェンシー本社）

A町で一家大心中があった。

最近その家族の誰の姿も見かけず、不審に思った近所の住民の方が警察に通報し、発覚したのだという。探偵である父の渡邉は、2人の部下と、長女である私を引き連れて、記事を書くための取材に向かった。私は、怖がりのくせに好奇心が旺盛で、今回も一緒に行きたいと無理やり写真撮影係としてついていくことになったのであった。

車についているカーナビは古いもので、道も遠回りになってしまうため、スマホのグーグルマップで目的地をA町にセットした。谷口さん（同行したスタッフ）の運転は上手で乗り心地が良く、車内には私の趣味のやたら明るい音楽が流れている。そのため、お化けだの幽霊だのといった心霊的な怖い雰囲気はゼロに等しかった。シートを倒して窓の外の風景をながめる。高いビルが建ち並ぶ都会から、だんだんと見渡す限り田畑が続いている田舎の風景になっていった。先ほどまで建物の陰に隠れていた太陽の光が車内に心地よく入り、つい今車を走らせて向かっている目的を忘れそうになってしまう。後部座席で車の振動と暖かい光に気持ちよくなった私はいつの間にか寝ていた。山路さん（もう一人のスタッフ）も、うとうとしているようだった。

私たちはA町に入った。すると、急に車内の空気がどっと重たくなった。寝ぼけながら体を起こす。横にいる山路さんの顔色が悪い。窓を開けて5分ほど車を走らせると、ついに私たちは例の一軒家に到着した。

家の周りにはパトカーが数台停まっていて、警察官もいる。その一軒家は、2階建ての青い三角屋根の、古くもなく新しくもなさそうな家だった。今は枯れてしまっているが、花壇がある庭からは、窓の向こうに和室が見える。あそこの和室では3日前、祖母と若い夫婦、中学生の女の子と生まれたばかりの男の子が遺体で発見されたそうだ。一酸化炭素中毒による窒息死だ。しばらく私たちは写真を撮ったりしながら外から家を眺めていた。父と谷口さんがカメラを見ながらなにか話している。後ろからのぞきこむと、家全体を写した写真だった。何か写ったのか、と期待しながら聞くと、谷口さんが、「ここ、ひょっとして、あるんじゃないんですか？　屋根裏部屋が」と言った。

私も、「三角の屋根だから、1メートルかもうちょっとはスペースがあるんじゃない？」と口を挟む。

「そう言われれば、そうかもしれない。だが普通ならあまり気がつかないだろうね」と父が言った。

その場にいる警察にそのことを話すと、家の中に入れてくれることになった。残念ながら私は車内で待機して、谷口さんと一緒に撮った写真を整理するように言われた。

父は山路さんを連れて家の中に入る。もし本当に屋根裏部屋があるならば、はしごや階段があるはずだ。小一時間ほど探して、ようやく屋根裏部屋へ続く階段を見つけた。その階段は、屋根裏につながっているなら2階にあるはずなのだが、1階から伸びているという、とても珍しいつくりになっていた。途中気分が悪くなった山路さんが外の風にあたろうと1階に下りた時、たまたま見つけたのだという。階段の写真を撮ろうとすると、警察に止められたそうだ。人の家は勝手に撮影してはいけないらしい。私は外から何枚か家の写真を撮ったことは秘密にしておいた。あとは警察に任せ、私たちは帰宅することになった。

後日、私たちに届いた知らせはとても驚くようなものだった。あの屋根裏部屋を調べていると、なんと死体がもう1体出てきたのだそうだ。あの家から出てきた死体は6体だ。おかしい。祖母、母、父、娘、息子。祖母、母、父、娘、息子……何度数えても5人だ。1体、多い。何とも言えぬ不気味さで無意識に足が震える。整理した写真を見ていると、私が無断で撮った家の全体像の写真は、昼間なのに、屋根裏部屋がある位置の所だけ暗く映っていた。谷口さんからも同じ写真が皆に送られてきた。屋根裏部屋で見つかった死体はその家族の一員ではなく、死因も不明だそうだ。

私たちは屋根裏部屋を見つけたため、警察から表彰状が贈られた。その時の表彰状は、会社のオフィスに今も飾られている。その表彰状が社内で不気味がられているのは、言うまでもない。

【探偵を襲う怪異　その7】

探偵にも解明できないこと

報告者：南田孝好（ガルエージェンシー広島駅前）

夫が浮気をしているので証拠を撮ってほしい、と30代の女性から調査の依頼がありました。

奥様は大学卒業後に大手企業へ入社してすぐ、当時の上司であった旦那様と社内恋愛の末に結婚。ご両親の反対を押し切り籍を入れたそうですが、子どもができてからというもの旦那様の帰りが遅くなり、次第に夫婦仲は冷めていきました。

小さい子どものことを考えると離婚に踏み切れず、このまま仮面夫婦としての生活を続けていくか悩んでいたある日、非通知で知らない女性から電話があったのだそうです。

「○○さん（旦那様の名前）と別れてもらえますか。○○さんはあなたと離婚したがっているんです」

どこかで聞いたことのある声、でも、奥様はそれが誰なのか思い出せませんでした。それからというもの、無言電話や何も書かれていない便箋がポストに投函されるようになります。精神的にまいってきたとき、ご友人からガルエージェンシー広島駅前を紹介され、今回の面談となったのです。

「夫の浮気相手を特定して、精神的苦痛を受けたことによる慰謝料を請求したい」

そんな奥様の強い思いを受けて、私は調査を開始することにしたのです。

奥様の情報によると、旦那様は週末になると帰りが遅くなるといいます。そこで金曜日の仕事が終わる時間帯から張り込みを始めることにしました。

当日、男女ペアの調査員で会社前に張り込んでいると、定時を少し過ぎた頃に旦那様が出てきたのを確認しました。それからほどなくして、後を追うように若い女性が出てきて、待機していた旦那様の車に乗り込みました。依頼者の奥様とは雰囲気が正反対の、黒髪が似合うおとなしそうな方でした。

車はコンビニに寄り、買い物をした後、ラブホテルへ向かいました。

ずいぶんと年季の入ったホテルです。壁は元の色が分からないほどくすんでいて、普通なら利用を避けるほど古びていますが、周辺には他にホテルがないので仕方がないのでしょう。

ホテルに入る旦那様と女性の姿を撮影した後、奥様に電話で状況の説明をしました。すると、奥様から「隣の部屋に入って、何か聞こえないか確認をしてほしい」という要望を受けました。それだけ古いホテルなら隣室の音が聞こえるのではないかという見解でした。

運よく対象者の隣の部屋が空いていたので、急いでチェックインを済ませます。

建物の中は外観よりもさらに古く、幽霊でも出そうなほど不気味な雰囲気でした。

客室の中にはベッド、テレビ、そして衣類や荷物をしまうクローゼットがあるだけで、寒々としています。

そんな中、物音を聞き逃さないよう息を潜めていると、30分ほど経って隣室から女性の喘ぎ声が聞こえてきました。よくコップの底に耳を当て壁に付けると音が聴きとれるなどといいますが、よほど壁が薄いのか、そんなことをしなくても十分に音が拾えます。

「証拠にビデオを回しましょうか？」

一緒に入った女性の調査員が囁きました。まあ、音声でも何かの証拠になるだろうと、カメラの設営を指示したとき、急に背筋に寒気を感じました。

……誰かに見られている感じがするのです。

この部屋にいるのは、同僚の調査員と私の２人だけ。同僚は目の前で隣室の壁に向かってカメラをセットしているので、こちらを見られるはずがありません。それなのに、強烈な視線を感じるのです。

この違和感の原因は何なのか――。

部屋を見回すと、クローゼットの扉が開いていることに気がつきました。

あの扉は閉まっていなかっただろうか。そう思った瞬間、扉につけられたノブがゆっくりと回り、扉がひとりでに閉まったのです。それはまるで、目に見えない誰かがノブを掴んで回しているかのようでした。

女性調査員の方を見ると、彼女も目撃したのか、目を見開いて固まっています。

部屋の窓は閉めきっているので、風で動いたとは考えられません。クローゼットのところに行き、恐る恐る扉を開いてみました。当然、中には何もありません。ノブも壊れて緩くなっているということはなく、しっかりしていました。

その間にも強烈な視線を感じ、背中の寒気がどんどん強くなっていきます。

このまま、この部屋にいてはいけない。なぜかは分かりませんが、そう直感が告げています。私たちはご依頼主に連絡を入れ、確認をとったうえで部屋を退出しました。音声を撮ることは断念し、ホテルの前で待機して旦那様と女性が出てくるのを押さえる方法に変えたのです。

調査終了後、まとめたデータを報告書とともに奥様にお渡ししました。

その後、離婚が成立し、ご依頼主は旦那様と浮気相手の双方から慰謝料をとることができました。

ちなみに浮気相手はご依頼主と同期入社の女性で、以前から旦那様と身体の関係があったそうです。旦那様は社内で多くの女性に手を出していたのですが、ご依頼主との間に子どもができたため、その女性を捨てて結婚。そのことが許せなかったので、奥様に嫌がらせをしたと女性は白状したそうです。

満足いただける調査ができたことは良かったですが、私の中では釈然としない思いがありました。あのホテルで遭遇した不思議な現象、その原因が分からなかったからです。

あの後、客室で回していたビデオを確認しましたが、ただ壁が映っているだけで、おかしな点は何もありませんでした。気のせいだったと思いたいですが、それでは私だけでなく同僚も目撃していることが説明できません。

しかし、それから数年が経った頃、ひょっとしたら……と思わせる出来事があったのです。


車で調査前の現場確認に出たときのことです。助手席には新しく入った霊感が強いと評判の調査員が乗っていました。

直線道路をゆっくり走行していると、その調査員が私にこう言ったのです。

「足のないお婆さんがこっちを見てますよ」

ちょうどその時、車は葬儀場の前を通過していました。彼が言うには、その葬儀場の前に足のないお婆さんがいて、こちらをじっと見ているというのです。そんなバカなと思い、目をやりますが、私には何も見えません。

おかしなことを言わないでくれよ……と、目を正面に戻した時、道路の向かい側に古びたホテルが建っていることに気がつきました。あの時に浮気調査で入ったホテルです。

忘れかけていた記憶が蘇り、夏の暑い日でしたが、ぞっと鳥肌が立ったことを今でも覚えています。

もしかすると、葬儀場とあのラブホテルには霊の通り道があって、あの不思議な現象が起きたのかもしれません。

【探偵を襲う怪異　その８】

肝試しの怪

報告者：名畑嘉彦（ガルエージェンシー姫路／加古川）

私が探偵になってすぐ、40代の女性と大学生の娘さんがガルエージェンシー姫路を訪れました。

話を聞いてみると、数か月前に娘さんが電車内で痴漢に遭ったことがきっかけで、不安や恐怖を感じると金縛りに遭うようになったというのです。

痴漢をした犯人を捕まえたいという相談かと思っていると、そうではないと言います。

「１週間後に大学のサークル仲間と法華山で肝試しをすることになりました。参加はしたくないんですけど、どうしても行かないといけないんです。そこについてきていただきたくて……」

娘さんが真剣な顔でそう言いました。

彼女が肝試しをするという法華山一乗寺は兵庫県加西市にある、水子供養で有名な寺院です。地元では心霊スポットとして知られており、水子の霊が出たり、心霊写真が撮れるということで訪れる若者が後を絶ちません。

お母様は危険なことはやめてほしいと何度も説得されたそうですが、娘さんはかたくなに拒まれ、それなら探偵に一部始終を見守ってもらいたいという相談でした。

日時も対象者の動きもわかっている尾行調査です。

しかし、娘さんからは当日何が起きても、絶対に姿を見せないでほしいと釘を刺されました。探偵に尾行されていることを他の人に知られたくないのだそうです。

調査当日の夜。

お母様と娘さんに行動の最終確認をしてから、尾行を開始しました。

肝試しの参加者は、娘さんを含めた女性３人と男性３人。車に乗り込み、法華山へと向かいます。

到着すると車から降りて、境内に続く階段を男女ペアで上ることになったようです。

最初の１組が階段を上っていくのを見守る娘さんとそのご友人たち。怖がりながらも今のところは楽しんでいる様子でした。

そして娘さんの番になりました。ペアを組んだ男性と手をつなぎながら、ゆっくりと階段を上っていきます。

撮影していた場所から動くと他の人に見つかる可能性があったので、私は暗視カメラをズームにして娘さんペアを追いました。

階段を中ほどまで上がった頃でしょうか、突然、娘さんの足がピタッと止まりました。何かが起きたらしく、ペアを組んだ男性が血相を変えて叫んでいます。

「誰か！　早くこっちにきてくれ！」

下にいた男性たちが懐中電灯を持ち、階段を急いで上っていきます。そして時間をかけてゆっくりと娘さんをおんぶした男性が下りてきました。

娘さんの異変はカメラ越しにも分かるほどでした。

目は吊り上がり何かに取り憑かれているような、これまで私が見たことのない苦しそうな表情をしていたのです。まったく動かないことから、金縛りにあったのではないかと心配になりました。

ひとりの女性が数珠を手にして、娘さんに何かをし始めました。

霊感が強い女性もこの肝試しに参加すると聞いていたので、おそらくその子でしょう。

数分後、ようやく娘さんが動けるようになり、みな車に戻っていきました。

ハプニングはあったものの何とか無事でよかったと思い、私は引き続き帰宅するまで撮影を続けました。

途中、自動販売機の前で娘さんたちが乗った車が停まり数名が降りてくると、車の周りを歩きながら、何やら騒ぎ始めました。

トラブルでも発生したのでしょうか。

しばらくすると、友人たちは車に戻り、街に向かって進み始めました。

以降は特筆すべきことはなく、娘さんは家の前で降車。自宅に帰るのを確認して、調査を打ち切りました。


その後、すぐお母様から映像を見せてほしいという電話がありました。

そこで娘さんに同席してもらったうえで、映像をお見せしながら起きたことについてご報告していると、娘さんが興奮気味にこう言ったのです。

「暗闇で誰もいないところから変な音が聞こえてきて……。怖いけどがんばって先輩と階段を上ったら急に身体が動かなくなりました。みんなが何を言っているのかも全然わからなくて、気がついたら動けるようになったんです。やっぱり霊がいるんだってことになってみんなですぐに帰ったんですけど、途中で車を降りたときに車のまわりにいっぱい血がついてて……。先輩がティッシュで拭こうとしても全然取れないって言ってました。あと、フロントガラスに子どもみたいな小さい手の跡がついてました」

残念ながら、私が撮った映像には血や子どもの手形は映っていませんでしたが、娘さんが金縛りに遭っているときの様子は押さえられていました。その時は気づきませんでしたが、映像に映っていた娘さんの髪はなぜだか伸びていたのです。

ちなみに血だらけになった車ですが、翌朝、神主さんに水で清めてもらったところ、血や手形は跡形もなく消え去ったのだそうです。

数々の謎を残したまま、調査は終了となりました。

金縛りにあった娘さんに狐か何かが憑依したのか、血は霊の仕業だったのか、子どもの手形は水子の霊なのか……。考えれば考えるほど分からなくなります。

そういうことばかり考えているのが悪かったのか、それから数日後、就寝中に金縛りに遭うようになったのです。


金縛りがくる前は、予兆があります。

そこから一瞬ぐいっと動くと一時的に回避はできるのですが、動かなければ金縛りに遭います。

そうなると動けなくなるのですが、苦しくて必死に動くと魂が抜けるのです。

魂が抜けているときは楽になります。

しかし、魂はどんどん身体から離れていくので、それではいけないと自分の身体に戻るとまた金縛りに遭ってしまうのです。

これは私の体力が回復するまでずっと続きました。

今でも神経を使いすぎると金縛りに遭います。

あの時、私自身も法華山で何かをもらってきたのかもしれません。

【探偵を襲う怪異　その9】

青く映る女

報告者：三枝幸司（ガルエージェンシー松本／沖縄）

依頼者は沖縄県那覇市に住む30代の女性。

夫は那覇から70キロほど離れている名護市まで出勤しているのですが、浮気をしているのではないかと疑っていました。仕事が繁忙期に入ったと言い、帰り時間が遅くなることもしばしば。いつしか終業後も帰宅せずに車中泊をするようになりました。しばらくすると、普通の車では寝づらい、とワンボックスカーを購入。休日も疲れていると言って、自宅に帰ってこなくなったのだとか。

多少の不満はありましたが、夫は仕事をがんばっているのは家庭のため。奥様は定期的にワンボックスカーの車内を清掃するなど、夫をサポートしていました。

しかし、そんなある日、車内で自分のものではない長い髪の毛を発見したのです。やっぱり浮気をしていたのか。奥様が問い詰めると、夫は逆ギレ。話し合った結果、しばらく冷却期間を置くことになり、その間、夫は再び車中泊生活に。そこで奥様は夫の浮気調査をガルエージェンシー沖縄に依頼されたという流れです。

夫を調査してみると、最初の数日間は公園に車を停めてひとりで車中泊をしていました。会社から銭湯へ向かい、コンビニでカップ麺とビールを購入し、車内で飲食するといった生活です。

週末になると、いつもの公園ではなく山の中に入っていきました。そこは美しい海を一望できる沖縄の絶景スポットとして有名なのですが、スタッフから幽霊が出ると聞いていたので、霊的な影響を受けやすい私としては嫌な予感しかしません。

名護市よりも北にある場所で、こんなに遠くまで行くのはおかしいと思いながら車両尾行を続けると、夫の車が駐車場に停まりました。しばらくして、車がもう一台やってきました。運転手は女性で、車を停めると夫のワンボックスカーの助手席に座りました。

陽が落ちかけてきたので、高感度カメラを使います。

夫とその女性は車の中でコーヒーのようなものを飲んでいました。高感度カメラを使うと、多少暗くても飲み物の色まではっきり映るのです。

日が沈み、あたりが完全に暗くなった頃、ワンボックスカーのカーナビの液晶画面がふっと消えました。エンジンだけがかかっている車内で、夫が女性に覆いかぶさり性行為が始まったようです。ゆさゆさと揺れ動く車。赤外線カメラで確認すると女性が夫の上に乗り、激しく動いていました。

30分くらい経った頃、車内のテレビがついて女性が車から降りてきました。そして隣に停めていた自分の車に乗り込むと、どこかへ行ってしまいました。

性交渉も終わったので名護市に戻るのかなと思い、夫の様子を窺っていると、車内のテレビが消えました。疲れてそのまま寝てしまったのかもしれません。そう思った私は事後の映像を撮影するため、車内の様子が見えそうな木に登りました。

木の上でカメラのセットをしてふと下を見下ろすと、また車がゆさゆさと揺れ動き始めたのです。あれっ、おかしいなあ……、車内は夫ひとりのはずです。

再び赤外線カメラで車内の様子を撮影すると、青い影の女性が夫の上に乗っているのが確認できました。夫は仰向けになっているのですが、寝ているようにも見えます。

こんな山奥にあまり車はきませんし、この女性は一体どこから現れたのでしょうか。先ほどの女性がどこか別の場所に車を停めなおして、私の気づかないうちにまた夫の車に戻ったのだろうとその時は思いました。

10分ほど経った頃でしょうか、車の揺れが止まりました。しかし、車から女性は降りてきません。再びカメラで車内を確認すると、女性はまだ中にいました。

ちょうどその時、他の車が駐車場に入ってきて一瞬、夫の車にライトがあたりました。その時には女性は消えていたのです。

恐る恐る調査員が夫の車に近づき中の様子を見に行くと、やはり車内には女性はおらず、男性器をむき出しにした夫が寝ているだけでした。

赤外線カメラで撮影をすると、普通は人が緑色に映ります。夫の浮気相手も緑でしたが、2人目の女性は青っぽかったのです。

高感度カメラに映っていた映像もあらためて確認したところ、夫や浮気相手などはすべてカラーでしたが、2人目の女性だけはなぜかモノクロに映っていました。

探偵になって何十年も経ちますが、青い人影を見たのは初めてです。その駐車場付近は日本兵の霊が出るという噂の心霊スポットでしたが、まさか女性の霊もいたとは……。

第二章　怖い調査対象者

【怖い調査対象者　その1】

最期のメッセージ

報告者：大藤史生（ガルエージェンシー鹿児島中央／宮崎中央／熊本中央）

その依頼があったのは、今から数年前のことだ。

まだ肌寒い時期、会社経営者の男性が当社に相談にみえた。

40代前半とのことだったが、ずっと年上に見える。目の下にクマができ、疲れ切った様子だからなおさらそう感じたのかもしれない。

「別れた女性に付きまとわれていて、困っているんです」

女性からのストーカー行為は一般的に珍しい。

「実は私は結婚をしておりまして、彼女とはいわゆる不倫関係にありました。しかし、2人の関係が妻の知るところになり、これ以上、関係を続けることはできないと別れを切り出したんです。しかし、彼女は承諾してくれません。何度も話し合ったのですが、別れるなら自殺すると脅されました」

　バレないうちは楽しかったが、最終的には話がこじれてうまくいかなくなる。不倫の典型的なパターンだと感じた。

「それでも無理やり距離を置いたら……、嫌がらせが始まったんです」

「具体的には何をされたんですか？」

「たとえば、朝起きて新聞を取りに外に出ると、玄関一面に真っ赤なペンキがぶちまけられていました。近所の家に、私の息子の名前が書かれた事実無根の怪文書が投函されていたこともあります。息子が学校でイジメの加害者になっているといった内容です」

「防犯カメラなどの対策はとっていらっしゃいますか？」

「もちろんです。でも、彼女はカメラの位置を把握しているようで、死角になる位置からいつも犯行に及んでいます」

「警察には相談されましたか？」

「はい……でも、全然動いてくれません。話は聞いてくれましたが、彼女が犯人という証拠はないというんです。そのうえ、被害者である私に責任があるかのような言い方までされて……。犯人は彼女以外あり得ません」

男性はそういうと、心底困り果てたといった風に肩を落とした。

私は話を聞きながら、危険なものを感じていた。女はイタズラを超えた、犯罪レベルの行為を繰り返している。このままエスカレートすれば、男性だけでなく、家族にも危害が及ぶおそれがある。

探偵は、第二の警察でありたい。そうした信念から依頼を引き受けることにした。


まずは家族の安全が最優先だ。何かが起きてからでは遅いので、家族全員をホテルに避難させる。そして翌日から終日体制で女の監視を開始した。犯行の決定的瞬間を撮影し、それを証拠として警察を動かすのが狙いである。

対象者の女は、30代半ば。スタイルが良く、手入れの行き届いた黒色の長い髪に、色白の整った顔立ちをしている。純和風美女といったところだろうか。その姿から、とてもストーカー行為をしているようには見えない。

対象者は仕事をしていない。依頼人から金銭的な援助を受けて生活している。そのため、いつも昼過ぎから活動を開始し、自宅近所のスーパーやドラッグストアに買い物に出かけるのが日課になっている。

調査を開始して数日間、対象者は判で押したように同じような毎日を繰り返していた。

だが、張り込み開始から1週間が経過した頃に変化があった。

その日、対象者は昼過ぎになっても自宅から出てこなかった。夜になっても外出せず、日付が変わろうかという遅い時間になったときだ。

「ん⁉」

女の自宅から人影が出ていくのが確認できた。

長い髪の毛をキャップにすべて入れ、黒縁眼鏡を掛けた、いつもと違う雰囲気の対象者だった。何かを入れたバケツを大事そうに抱えている。

対象者は車に乗り込むと、急発進するように駐車場から走り出た。

車は依頼人の家に向かう……、長年の勘がそう告げる。

後を追って発進したが、かろうじてリアランプが見える程度だ。スピードをかなり出している。私は急いで依頼人宅に向かった。

依頼人宅に到着した。大丈夫だ。間に合った。

そう胸を撫で下ろし、茂みに隠れてカメラを構えると、住宅街から依頼人宅に近づく真っ黒な人影が見えてきた。

対象者だ！　対象者は両手で重そうなバケツを抱えながら、防犯カメラを回避するように依頼人宅の裏手に回った。

そして、裏手から表に進み、持っていたバケツを思いっきりテラスにぶちまける。

「バシャーーーン！」

深夜の住宅街に液体が飛び散る音が大きく響いた。対象者は犯行を終えると、一目散に依頼人宅の敷地を出た。住宅街から闇に消えるその後姿は、どこか清々した余裕を感じさせた。

対象者が立ち去った直後、私は被害内容確認のためにテラスへ向かった。暗闇の中、テラスに近づくと、私の想像を遥かに超えたものがそこにはあった。

大量のゲロ（吐しゃ物）だ。強烈な臭いと量に圧倒されながら立ちすくんだ私の目に、ある小さな固形物が目に留まる。よく見ると、赤子の人形だ。

依頼人と対象者は10年以上、不倫関係を続けていた。

その間に、度重なる妊娠中絶を繰り返していた対象者は、卵子の減少により、極めて妊娠がしにくい身体になってしまったという。この赤子の人形は、妊娠ができなくなった対象者の悲痛なメッセージなのだろうか。

対象者が昼間外出もせず、この大量のゲロをバケツに製造していたかと思うと、その恨みの根深さに恐怖を感じた。決定的な証拠を撮影した私は、さっそく警察署に資料を持参し、このままでは取り返しのつかない事件が起きると訴えた。

翌日、依頼人から電話が鳴った。

「やっと彼女が逮捕されました！」と歓喜とも安堵ともとれる声だ。

私も依頼人の力になれたことに安心して、無事、調査契約を完了した。だが、依頼人の喜びがそう長く続かなかったことを、後日知ることになる。

「彼女は、刑事裁判が始まる前に自殺しました」

依頼人からメールが入る。事情を聞くと、女の母親から娘の携帯にメモが遺されていた、と連絡があったという。そこにはこんなメッセージが書かれていた。

「貴方のせいで私の人生はめちゃくちゃになった。私は死にますが、貴方を恨み続けます。亡くなっていった赤ちゃんとともに、恨み続けます」

彼女は罪を裁かれることなく、この世を去った。依頼人は対象者の最期のメッセージに何を思うのだろうか。

【怖い調査対象者　その2】

ラブホで首を切る男

報告者：松本努（ガルエージェンシー仙台青葉／山形／郡山）

「ラブホテルに乗り込ませてください！」

浮気調査で依頼者様がそうなるのは、よくあるパターンである。

調査報告書を受け取るよりも、リアルタイムに激情の赴くまま一気にケリを付けたいという心理が働くのだろう。

依頼者様のご臨場は、実は私たち探偵にとってもメリットがある。

調査で大変なのは、対象者がお泊りをした際の夜を徹した張り込み。依頼者様が現場にくれば、調査は確実に完了するからだ。

今回の依頼人は40代のご主人。妻（30代）と浮気相手の男性（30代）がラブホテルに滞在していると中間報告をする。話している限りでは穏やかな性格である。

中間報告を受けた依頼者様は「もう駄目だ！ 私もラブホテルに行って話をしたいです！」と語気を荒く要望した。なにか問題が起きてはまずい。責任者である私もラブホテルの現場に同行することになった。

依頼者様の車だと奥さんにバレる可能性があるため、私の車を使用する。

張り込みをしている現場の調査員に連絡をして、依頼者と私が同行することを伝えた。

「絶対に手をあげないように。まずは冷静に話をしましょう」

妻の浮気相手とはいえ、暴力を振るえば立派な不法行為になってしまう。ホテルに向かう車の中で、何度も注意事項を確認する。

ラッキーなことに到着後、30分もしないうちに妻と浮気相手がホテルから外に出てきた。依頼者様はドアを開けて後部座席から飛び出すと、妻のところに走っていく。そして妻との口論が始まった。

（なんだよ、打ち合わせと違うじゃないか！ 喧嘩になるのかよ……）

私は内心、苦虫を噛み潰すような思いをしながら、すぐに依頼者様のもとへ駆け寄る。

依頼者様、妻、浮気相手男性、そして私。何かあったときのための用心を兼ねて、当社の調査員がその様子を潜みながらカメラで撮影をしている。

依頼者様と妻は一気にヒートアップし声高になっている。

「なんであんたがここにいるのよ！」と依頼者様に言い放つ妻。

「おまえこそなんでホテルにいるんだ！」と依頼者様。

「あんた誰よ！」と私に向かって妻。

「私は探偵です。ご主人さんに同行しています」

「なんで探偵なんか雇ったのよ！」と妻。

「お前が浮気しているからだ！」と依頼者様。

「お前は誰なんだ？」と浮気相手に向かって言う依頼者様。

「誰だっていいじゃない！」と口をはさむ妻。

「誰だって良くはないだろう。同じ職場の人か？」と依頼者様。

「……（無言）」

「そうなんだな！　なんか見たことあるぞ」と依頼者様。

ラブホテル突撃でよくある会話が続く。

しかし、長年探偵をした私でも、次の行動は予想できなかった。

なんだかんだと3人でもめて声高になっていたが、次の瞬間、浮気相手の男性が大きな声で笑い出したのだ。

「ははは っ！　これで私に慰謝料は請求できなくなるでしょう！」

「？？」

「？？」

その場にいる全員が困惑している。

最初、私は彼が言っていること、やっていることが理解できなかった。

浮気相手の男性は、カッターのような刃物を持っており、笑いながら出し抜けにそれで自分の首をスパッと切ったのである。

彼の首から鮮血が飛んできたので、私はスーツが汚れないようにとっさに避ける。

「キャー!!　何をしたの!!　助けて!!」と妻が叫ぶ。

まずは人命優先だと、私は冷静に119番と110番に通報をした。

救急車がくるまで、男性を地面に横たえて様子を見た。

奥さんは相変わらずあらん限りの大声で叫んでいる。それはそうだろう。さっきまで情事を行っていた相手が首から血を流して倒れているのだから。ここで取り乱さないほうがおかしい。

ただ私は探偵。数々の修羅場を経験してきているので、少々のことでは取り乱さない。冷静に男性の傷を確認すると、それほど深くはない。

（この男、自殺する気はなかったな？　慰謝料を払いたくないのはわかるが、そのために自分の首を切るなんて、妻や子どもがいるワケありかな……？）

などと考えながら、横たわっている男性を観察する。

騒ぎを聞きつけた従業員がホテルから出てきて、男性の首の傷をタオルでおさえて止血を試みてくれた。少し時間が経った頃、救急車が到着し、救急隊員が彼を確認する。切った場所が場所であったため、念のために救急搬送されることになった。

その後、パトカーが6台やってきて、私も警察から事情を聴かれた。

警察官10名ほどが一列になり、彼が持っていたと思われるカッターの刃を探すが、1時間捜しても発見できない。どんな刃物で自分の首を切ったのか、徹底的に調べている様子である。その間、ラブホテルは出入り禁止。滞在しているお客も帰るに帰れない状態になったのはかわいそうだった。

後日聞いたところでは、浮気相手の男性は対象者の奥さんの同僚で、病院で緊急手術を受けた結果、一命を取り留めたそうだ。死ねば慰謝料は請求できないだろうという目論見は見事に外れ、半年後、依頼者様から慰謝料請求裁判を起こされたという。

結局、彼は自分を傷つけるだけ傷つけたうえで、慰謝料まで払うことになってしまったということである。命をかけて慰謝料を逃れようとしたが、神様はちゃんと見ていたということだろう。

【怖い調査対象者　その3】

午前3時の依頼人

報告者：内海修司（ガルエージェンシー香川／徳島）

クリスマスシーズンが近づき調査の依頼が増えてきたある日の夕方、一本の電話が鳴りました。

「急ですが、今晩どうしてもお願いしたいことがあります。夫を探してほしいんです」

電話口の女性は、詳しいことは会ってから話すと切羽詰まった様子でした。

浮気調査の依頼かと思い、面談の日程を決めようとしたところ、今日の深夜3時しか時間がないといいます。

一年に数人、深夜の面談を希望される方もいるので、私は承諾することにしました。

そして深夜、指定の時間きっかりにインターホンが鳴りました。

事務所に現れたのは、飾り気のない素朴な感じの40代後半の女性でした。県内で美容室を数店舗経営しているそうですが、あまりそういった雰囲気は感じられません。

本題に入って相談内容を伺うと「明朝9時、高松家庭裁判所で私たち夫婦の一回目の離婚調停が行われる。終了した後、帰宅する夫を尾行して現住所を突き止めてほしい」というご依頼でした。

ガルエージェンシーでは裁判所からの尾行はお断りしています。その旨をお話したところ、しばらく黙った後に「家を出た夫が連れていったポメラニアン3匹を取り返したいだけなんです」と訴えてきました。

そして、話だけでも聞いてほしい、とご主人について語り始めたのです。


ご主人は奥様より6歳年下の元ホストの美容師。話術に優れ、女性に対する気遣いが秀でていることから、奥様が経営する美容室のうち1店舗をご主人に任せていました。

ご主人は店舗を会員制に変更、自分の好み以外の女性の予約をとらなくなりましたが、予約数も多く、断トツの売上があったことから奥様も容認していたといいます。

若いご主人が女性客と2人きりで始めは心配だったそうですが、毎日仕事終わりにきちっと帰宅するので問題ないと思っていた奥様。

しかし、最近になり常連客から、「いつも施術後に性行為をしてくれたから毎週予約していたのに、もうこないでほしいと言われた」という苦情が入りました。来店拒否されたことに腹を立て、ご主人がお客さん全員と性行為をしていると奥様に暴露したそうです。もし本当であればとんでもないことですが、他の常連客に聞き取りをしていった結果、それが事実であることが判明します。

問い詰められたご主人は開き直ったのか、奥様に離婚を要求。その態度に奥様はカッとなってしまい、手近にあったモノやペットの犬をご主人めがけて投げつけ、警察沙汰になってしまいます。

その翌朝、ご主人はペットのポメラニアン3匹を連れて、家を出ていきました。

常連客の誰かと逃げたのではないか。奥様は心当たりの場所をすべて探しましたが、ご主人を見つけることができません。そうこうしているうちに、家庭裁判所から離婚調停の申立書が届きます。

奥様は愛犬のためだとおっしゃっていますが、話を聞いているだけでもご主人に対する強い怒りと嫉妬を感じることができました。相手の居所が分かれば、すぐにでも乗り込んで危害を加えそうな勢いです。

そもそも裁判所からの尾行はやっておりませんし、ＤＶや動物虐待の疑いもありますので、調査は丁重にお断りしました。それでも奥様は「頼れるところはここしかない」と訴えていましたが、私は何度も頭を下げてお引き取りいただいたのです。

それから１週間後、事務所に３人の刑事がきました。

あの奥様について話を聞きたいということでした。

何があったのか刑事さんに聞いてみると、私が調査を断ったあとに奥様は他の調査会社にご主人の尾行を依頼したというのです。そして、判明した転居先に乗り込むと、手にしたナタで数十回切りつけてご主人を殺害。その場にいたペットのポメラニアンは、ご主人の返り血を浴びて赤黒く染まっていたといいます。奥様は自首をした際に、犬も殺そうとしたけれど、かわいそうなので連れて帰ったと供述したそうです。

事務所を訪れた女性が殺人犯になったこと、そして危険性があるのに依頼を受けた調査会社があったことに私は言葉を失いました。

【怖い調査対象者　その4】

探偵を尾行する男

報告者：村山浩二（ガルエージェンシー埼玉川越）

ガルエージェンシー埼玉川越・代表の村山浩二と申します。

探偵という職業に就き、10年の月日が流れようとしています。前職はS県警察本部刑事部所属の刑事でした。

警察官時代にさまざまな事件の捜査に従事し、体得したスキルが役に立った調査案件をお話しいたします。

探偵の道を歩き出し、まだ間もない時期のことでした。ご依頼者は、40代後半の専業主婦。ご依頼内容は、建設業を営む50代のご主人の浮気調査でした。

対象者のご主人は従業員数名を抱える自営業者であり、いわば社長という立場。従業員をその日の現場に送り出すと、「商談・営業」と称して自由気ままな行動をとっていました。

午前中は事務所に滞在し、午後にはその日の現場を回り、午後5時前後になると現場や自宅とは異なる地域に向かうのです。

行き先はほぼ同一地域なのですが、車を停める場所がコインパーキング、コンビニエンスストアの駐車場、路上駐車など、毎回違ったのです。

車を降りた対象者は、周りをキョロキョロと窺いながら、後ろを振り返る、通行車両の進行方向を確認する、駐車車両の車内を覗き込むといった「警戒行動」を異常と思えるほど行います。

その様子を目の当りにし、「対象者は浮気をしている。女性宅は近くだ」と確信に近い心証を持ったのですが、対象者の警戒が強いため尾行は困難を極めました。そこで2班を動員し、1班は対象者を尾行、2班は対象者が車を駐車させるであろう場所付近で待ち構えることにして、調査に臨んだのです。

張り込み開始からしばらくすると、予想通り対象者は2班車両の前を通過し、約30メートルの距離に車を駐車させました。尾行してきた1班車両は対象車両を横目に通過し、約100メートルの離れた確認しづらい位置に車を停めました。

対象者は、車両から降りると周りを警戒しながら、目の前のアパートの一室の玄関先まで歩いていきました。しかし、そこで突然反転すると、すぐさま車両に戻り、急発進させ、1班車両の後方に停車したのです。

この時の1班車両は、車両のハザードランプを点滅させ、一般の駐車車両のごとく装っていました。尾行が察知されたとは考えにくく、いつもの警戒行動の一環かと思ったのですが、1班からは、「後方に停車されこちらの様子を窺っているようだ」との連絡が入ります。

尾行が発覚したのなら、対象者からアクションがあるはずです。

そこで1班には、「車両から降りて住宅街を5分歩いたのち、車両に戻って発進しろ」と指示を出しました。こちらとしても対象者の出方を確認したかったのです。

この間、対象者は車両から降車するでもなく、1班車両の後方に駐車を続けておりました。5分後に運転者の調査員が車両に戻ったため、予定どおり1班車両を発進させると、対象者も追従するように車を発進させ、1班車両を尾行し始めたのです。

1班車両は、この日初めて調査に使用した車両でした。対象者と同じ地域のナンバーで、距離を置いての尾行でしたので、対象者に察知されている可能性は低いはずです。尾行をされる理由がどうしても分かりません。

対象者はなぜ尾行をするのか。理由を考えたとき、ふと思い当たることがありました。警察時代、対象者とよく似た警戒行動をとる被疑者がいたことを思い出したのです。

それは「薬物乱用者」でした。

薬物の乱用が進むと、妄想、幻覚、幻聴が生じ、すべてが警察に見えることがあります。自分の行動を警察が見張っている、逮捕しようとしていると思い込み、異常な行動をとってしまうのです。対象者の行動は現職時代に体験した薬物乱用者の行動と一致していました。

そこで私の乗る2班の車両で対象者を後方から尾行し、調査車両2台で対象者を挟むかたちをとり、信号待ちの際に1班車両から調査員を降車させ、対象者に近づけてみることにしました。そうすれば「こちらを警察と思いこみ、別の行動をとるのではないか」と考えたのです。

信号が赤になったタイミングで、1班車両から調査員が降りました。すると、その瞬間、対象者が行動に出ます。車両を急発進させ、赤信号の交差点を突っ切って走り去ったのです。

その後も調査を続けると、対象者はあの日、玄関先まで行って踵を返したアパートに住む女性と不倫をしていたことが分かりました。

ご依頼者様に調査結果を報告する際、対象者が気がかりな行動をとっていること、危険な兆候が出ていることを説明しました。

ご依頼者様は最初からすべてを知っていたようで、最後にこう言いました。

「主人を逮捕してほしかった」

このご夫婦はそれからどうなったのでしょうか。私は何も知りません。

【怖い調査対象者　その5】

笑うストーカー

報告者：熊見真一郎（ガルエージェンシー西大和）

調査員としての修行を積んでいた約5年前、勤めていた支社に依頼があった。

依頼者は女性で、話によると過去に交際していた年齢40歳くらいの男性（以下、対象者と記す）からストーカー行為を受けているとのことであった。

対象者は依頼者の車のタイヤに穴を開けてパンクさせたり、執拗にメールを送ってくるなどのつきまとい行為を繰り返しているという。警察にも相談したというが、証拠がないとして取り合ってくれない。犯行の証拠を集めるために、探偵社に調査を依頼することを決めたそうだ。

当方は即時解決のために、まず依頼者の居住先であるマンションを確認した。

駅に近い好立地の高層マンションで、依頼人の車両は1階にある駐車場に停められていた。現場のチェックを済ませると、対象者による嫌がらせ行為の証拠映像を撮影するため、同日の夕刻から張り込みを開始した。

依頼者のマンションは大通りに面した場所に建っているため、マンション前を頻繁に車や人が通る。対象者が動くとすれば、夜遅くだと予想した。

張り込みを続けていると、不審な車両を発見した。1時間毎にマンション前にやってきては車を停めて、何やら観察しているのである。車内に目を向けると、助手席に座る対象者の姿を確認。運転席では20代と思しき、若い作業服姿の男性がハンドルを握っていた。犯行はこの2名で実行される可能性が高まった。が、対象者は降車することはなく、数分ほどで車両は移動していく。

23時、再び問題の車両が現れた。問題の車両はマンションの出入口付近に停車。対象者と運転手の男性の降車が確認された。対象者らの犯行を撮影するため、同マンション脇のコインパーキングに停めていた自分の車両の下に潜り込み、撮影体勢を整える。

対象者と若い男性は、短く会話をしながら何かを待っている様子だった。と、その時、2台の車両がマンション前で停車した。各車両から2名ずつ、合計4名の若い男性が降りてきた。4名の男性は対象者のもとに集まるとなにやら指示を受けている。

まさか……、6名もの男が嫌がらせ行為に関わっているのか。驚きながらも犯行の証拠を逃すまいとカメラを構えた。

23時半頃、対象者が若い男性とマンション駐車場に進入する状況が確認された。

対象者は駐車場内で周囲を確認した後、一度駐車場から出ていく。それからも他の若い男性が駐車場に出入りするが、直接、依頼者の車両に触れることはなかった。

午前1時頃、対象者が依頼者の車両の裏側に回り込んだ。地面に背中を着けて寝転がり、何らかの作業を行う様子が確認された。他の若い男性たちは駐車場内に散らばり周囲を警戒していた。対象者の手際は良く、5分も経たないうちに作業を終了させた。

その後、対象者と若い男性たちは駐車場を出て、各々の車両に乗り込んだ。そうして1時間近くその場で待機した後、午前2時過ぎにようやく対象者が乗車した車両が移動、他の車両もそれに続いてマンションを後にした。

当方は、対象者が引き返してくる可能性も考え、30分張り込みを継続した。対象者が戻ってくる様子がなかったことから、マンション駐車場内に設置した隠しカメラを回収し、対象者が依頼者の車両に何をしたのかを確かめた。

隠していたカメラと自分で撮影した映像には、犯行時の対象者の姿がはっきりと映っていた。対象者たちは、まるで何かのゲームに興じるかのように終始笑顔で、楽し気に振舞っている。

車両の裏側に回り込み、対象者と同じ様に仰向けに寝転がると、ナンバープレートの裏側にスマートフォンがガムテープで固定されているのを発見した。対象者はスマートフォンのGPS機能を利用して、依頼者の現在位置を特定しようとしていたようだ。

この犯行が行われた翌日、当方は依頼者に調査結果を報告。依頼者はそのまま管轄の警察署に赴き、報告書を提出した。数日後、依頼者から連絡があり、対象者を含めた6名が逮捕されたことを知らされた。

あれから5年が経つが、今でもあの対象者たちの姿が忘れられない。笑顔を浮かべながら犯罪行為に及ぶその姿には、罪の意識は微塵も感じられなかった。一般の常識や道徳では測ることができない人間もいる。そのことを強く思い知らされた案件だった。

と同時に、背中に冷たいものも感じた。

もし、あのとき撮影していることが彼らにバレていたら……。

当方は、いったいどうなっていたのだろうか。

【怖い調査対象者　その6】

サタンの言葉を受け取る男

報告者：三宅一弘（ガルエージェンシー蒲田）

依頼主は、神奈川県に住む50代の男性です。

家族構成は同年代の奥様に、高校生と中学生になるお子様の4人家族。

この1、2年の間、家の周りで悪質なイタズラを受けていることから、ご近所トラブルか何かに巻き込まれているのではないかとのご相談でした。依頼主が夜遅く仕事から帰ってくると変わったことはないそうなのですが、出勤をする朝の時間帯には何かしらイタズラをされているといいます。

これまでにあったイタズラは、自宅である一軒家の前に停めていた自転車がパンクさせられている、自転車のかごにゴミを入れられている、玄関のチャイムを早朝に何回も鳴らされる、おにぎりやパンの包装紙や雨で濡れた雑誌を庭に投げ込まれる、など。

自転車は自宅の敷地内に入れると被害がなくなったそうなので、犯人は不法侵入してまでイタズラをする気はないようです。

こうした嫌がらせが20回ほど続いたことから男性は警察に相談、しかし、証拠がないので被害届は受け付けられないと言われてしまいます。

イタズラがエスカレートして、家族に被害が及ぶ前に何とかしなければいけない。依頼主は最後の頼みの綱として私の事務所に相談にいらっしゃったのでした。


嫌がらせをする犯行の一部始終とその人物を特定すべく、面談を終えた1週間後に調査を開始しました。依頼者の話によると被害が多いのは月曜日ということでしたので、月曜日に絞って朝4時から張り込みます。そして調査を繰り返すこと数回、ついに不審な男の姿を捉えることができました。

その男は朝5時にグレーのジャンパーによれよれのズボンを穿いて、ゆっくり通りを歩いてきました。年齢は70歳を過ぎているでしょうか。奇声を上げるわけでもなく、高齢のおじいさんがコンビニ袋を持って普通に歩いている感じです。

駅の方向からきた男はまっすぐ依頼者の家に向かうと、外門に手と足をかけて思い切り引っ張りました。

どうやら戸を開けるのではなく、壊そうとしているようです。

ガチャガチャと数回動かすと、男は去っていきました。

すぐに外門を確認したところ、蝶番が変形して大きく曲がっていました。


私と調査員は依頼者宅を後にした男を尾行しました。

男は外に出ている自転車があると間違いなく蹴り飛ばし、バイクまでも倒していました。その他、プランターを倒して花を踏みつぶしたり、右手に持っていた缶コーヒーを他人の家の窓に振りかけたり、洗濯物にかけて汚すなどやりたい放題です。

この迷惑行為を1～2時間続けていました。

見ていて気づいたのが、男は歩いている途中にふと思いついたかのように犯行に及んでいるということです。

相手を選んでいるようではありませんでした。

私と調査員はかなりの距離を歩いて男を追いました。

空き地に駐車している車を見つけた男はふらふらと近づいていき、ポケットから取り出したコインか何かで車を傷つけ始めました。そしてドアミラーを掴んでガチャガチャと壊しにかかっていたので、これはもうさすがにダメだと思った私は調査員に合図をして男を取り押さえました。

男は最初は少し声を上げて暴れましたが、力があまり強くないので、2人がかりで抑えると簡単に制圧することができました。

間近で見ると、ほんとうに普通のおじいさんといった感じで、こんなイタズラをするような人にはまったく思えませんでした。

男が大人しくなったので、警察に通報して到着を待ちます。

もうそろそろくるだろうか……。

そう思った瞬間、突然、地面から咆哮《ほうこう》が上がりました。

「うわあああーーーっ!! これはサタンが命令したことだ！ 命令に従わなかったら殺される！ 命令を妨害したお前らも全員殺される！ すぐに離せ！ 俺はサタンの命令をきかなきゃいけないんだ！」

男が目を見開き、身体をくねらせて大声を上げています。何かに怯えているようで、身体を震わせながら、泡を吹いて必死に叫んでいます。

その姿は本当に悪魔に取り憑かれているようでした。

そうこうしているうちに警察がきたので男を引き渡しました。

その場で男のしたことについて話すと、横で聞いていた男が警察に向かって、

「サタンに命令されたから、やらないといけないんだ！　お前ら死ぬぞ、殺されるぞ！」

と同じことを叫びました。

後日、証拠として警察に撮影した映像を提供すると、犯人は夜勤帰りの75歳の男性であることを教えてもらいました。依頼主一家とはまったく面識がなく、度重なるいたずらは行きずりの犯行で、ただ通り道であったからやっただけでないかということでした。

依頼主はご近所の方ではなかったことを知り、とても安心されていました。

その後、男がどうなったかはわかりません。

依頼主から再びイタズラが始まったという相談がないので、少なくともサタンから命令されることはなくなったのでしょう。

今回の案件では、犯人逮捕に貢献した探偵。

警察から表彰をされるのでは、と少し期待していましたが、その後は何も連絡がなかったことを付け加えておきます。

【怖い調査対象者　その7】

ゴーストデリヘル

報告者：中野あつし（ガルエージェンシー大阪本部）

探偵にとって浮気調査は日常とも言っていい。ラブホテルなんて毎日行っているようなものだ。ラブホテルという場所は人の欲望が凝縮されていると勝手に思っているのだが、この話はそんな人の欲望の澱《おり》が同じ場所に溜まり続けた結果なのかもしれない。

探偵をやっていると相変わらず浮気調査の依頼がくるもので、この日も悩める女性から依頼があった。内容としては夫がここ数か月、特定の曜日に帰りが遅くなっているという。夫はその日は大事な会議と打ち合わせが入っていて接待もあると言っていたが、不審に思い携帯のGPSを見てみると、毎週火曜日の20時から23時までの3時間、郊外のラブホテル近くにいたことを発見してしまったという。

そう話す依頼者に悲壮感はなく、あっけらかんとしていた。実はこういうタイプの依頼者はそこそこ存在する。嫌いな夫と離婚ができ、慰謝料まで取れれば彼女たちからすれば丸儲けである。

というわけで、該当のラブホテルに事前に張り込み、対象者と浮気相手のホテルへの出入りを撮影するという至極簡単な依頼が舞い込んできた。

足早に週末は過ぎていき、火曜日の19時30分になった。

着こんだダウンジャケットのファスナーを首まで上げればエンジンを切った寒い車内でも少しは快適に過ごせるはずだ。ホテルの出入りを撮れる場所に車を停めて撮影する。目立たないようにエンジンを切るのは鉄則だ。後部座席に隠れてカイロを握って待っていると対象者の車がホテルの駐車場へと入ってくるのが見えた。すかさずカメラを構える。レンズ越しに見る対象者は情報の写真よりも太って見えた。リクルートスーツを着た若い女性と一緒にホテルへと入って行く。

私にとって世の中は不公平で冷たく理不尽である。こういう場面を見ると人間が腐ったような発想になるからいけない。探偵になると〝彼女〟という概念が遠のいていく理由が溜まっていく。〝付き合う〟ってなんだっけ……。

あとは23時くらいまで暇を潰そうと文庫本を開いた時だった。ホテルの駐車場の入り口を1台の黒いミニバンが滑るように入ってきた。駐車場に停まると後部座席のドアが開き、暗い髪のロングヘアの女性が降りてくる。

デリヘルだろう。職業柄、ラブホテルに張り込みすることが多い探偵は、デリヘルと遭遇することがよくある。しかし、今日はいつもと少々違った。デリヘル嬢がやたらと綺麗だったのだ。顔立ちとスタイルが整いすぎていると言っても、否定する人間は世の中に1％もいないだろう。それぐらい綺麗だった。嬢を降ろしたミニバンはえらくやつれたドライバーの運転でラブホテルを後にする。なんてことはないよく見たことのある光景だった。さあ、私には司馬遼太郎が待っている。その時は坂本龍馬が勝海舟に出会うところだった。

1時間半後、さっきの黒いミニバンが戻ってきた。駐車場に車を停めると、やつれたドライバーはスマホをいじりだし嬢を待ち始めた。しばらくして嬢がホテルから出てくる。しかし、入る前と出てきた今とでは相違点があった。彼女は左足をヒョコヒョコさせながら車まで向かうと、ちらりとこちらを一瞥し車へと乗り込んでいった。車はゆるりと発進し、ホテルから出て行った。疑問に思いながらもその日は張り込みを続けた。

また翌週の火曜日、19時30分。準備さえしておけばこれほど楽な仕事はない。ホテルの出入りが撮れる画角にカメラをセットし、録画ボタンを押す。あとは寒い車内でコーヒーを飲みながら文庫本を開き、坂本龍馬の行く末を見守るだけだ。そうこうしていると対象者の車が入ってきた。律儀なもので、前回と同じ場所に車を停める。先週と同じようにホテルへと入る男女2人。

完全にホテル内へ入ったのを確認すると、文庫本を開く。

しかし、読書を邪魔するように黒い大きな影が目の端を通り過ぎた。先週の黒いミニバンだ。先週と同じやつれたドライバーが運転していた。ゆっくりと後部ドアが開くと女性が出てくる。こちらもまた先週と同じ女性で、左足を引きずるように歩いている。

ホテルの自動ドアが壊れているのか、嬢は何度か自動ドアの前でウロチョロしてから入って行った。ドライバーは嬢を見届けると車を出して何処かへ向かった。

先週と同じ時間にドライバーは戻ってきて、嬢も同じ時間に出てきたのだが、彼女の事後の結果は先週よりも悪かった。遠くからでも分かるくらい頬を腫らし、左足を引きずる姿はあまりにも痛々しい。またもこちらに一瞥をくれるとミニバンに乗り込み走り去っていく。

そうして週を重ねるごとに、彼女の身体には目に見えて傷が増えていった。もしかしたら事件性があるかもしれない、そうは思ったがいかんせん風俗業だ。そういう性癖の人がいて両者の合意があったとすれば、それはもう他人の自由だ。余計なお世話だが念のため彼女の様子を撮影するようにした。何の足しになるかは分からないが。

稲が刈り取られすっかり禿げた田んぼに霜が降りた頃、依頼者は満足したのか次の火曜で調査を終了してほしいと言ってきた。楽な仕事が終わる名残惜しさはあったが、それ以上に考えていたのはあの女性のことだった。

最後の週に見た彼女の左半身はボロボロになっていた。左足を引きずり左腕には包帯、左目は医療用の眼帯で覆われ、首をぐるりと囲む薄い痣が目立っていた。彼女は一体なんなのだろうか。次の火曜はどうなっているのだろうか。疑問が募るばかりだった。

調査最終日の火曜19時30分。すっかり暮れた夕日の方角を眺めながら対象者を待つ。待っているのは、むしろあの黒いミニバンだった。依頼者が聞けばあまりいい顔はしなそうだ。

対象者と浮気相手がホテルに入ったのを確認すると、例のミニバンを待ち構えた。妙に緊張してきた時、きた。あのミニバンがゆったりとホテルの駐車場に現れた。いつもの場所に停車し、後部座席のドアが開く。ボロボロの嬢が降りてきて、じっとこちらを見つめている。なぜ分かったのだろう。車は前回と変えているし、いつも後部座席に隠れているのに。

彼女はまるでファッションショーのランウェイを歩くようにして、傷ついた体を見せつけてゆっくりとホテルの入口へ向かう。ドライバーは嬢を見届けるとその日は車を発進させず駐車場に留まった。

その様子に違和感を抱き、文庫本を開かずに待った。底冷えする寒さを紛らわす必要もないほどに不思議な緊張感が全身を覆っている。

2時間が経った。やはりいつもと違う。嬢はもう出てきてもいいはずの時間だ。例のやつれたドライバーは車内でスマホをいじっている。なぜ彼女は仕事をするたびに体の傷が増えていくのか。疑問が抑えられないほど膨らんでいった。しびれを切らし、車から降りてドライバーのもとへ近づく。ウィンドウをノックするとドライバーは少しだけ窓を下げた。

「ちょっとお伺いしたいことがありまして……、私こういったものですが」

怪しまれないように名刺を渡す。それでも彼はいぶかしがった。

「なんですか？　デリヘルの待機してるだけですけど」

構わず質問をする。

「入って行った女性の名前はなんて言うんですか？　できればお店の名前も」

男はニヤついた顔を見せ、嬉しそうに教えてくれた。あんたも男だねとでも言わんばかりに。

「〇〇って店で〇〇っていう嬢だよ。電話番号は090‐〇〇〇〇‐〇〇〇〇」

男のニヤつき顔が気味悪い。何気なくホテル入口を見ると、ちょうど彼女が出てくるところだった。ぼろきれのような体を引きずって。

ミニバンへ近づいてくる彼女はすれ違いざま、こう囁いた。

「もう見れないよ」

嬢を乗せ、やつれたドライバーが運転するミニバンは駐車場を滑るように出ていくと暗い田舎道の国道へ消えたのだった。

報告書を後回しに、ドライバーから教えてもらった番号を検索すると、それらしい一軒のデリヘルが引っ掛かった。サイトに飛ぶと料金やキャストの紹介ページが表示される。だが、そこに映っていたのは予想していたものとは違うものだった。パステルカラーを使った気取ったサイト、キャスト欄にも彼女の名前はない。エリア指定には関西の文字が映っている。虚脱感がじわりと広がる。ドライバーは嘘をついたのか。

諦めきれずに該当の番号に電話をかける。3コールほどしてから受付らしい野太い男の声が聞こえた。

「もしもし、お電話ありがとうございます。○○でございます」

客のふりをしてあの女性がいるか聞いてみる。

「初めてそちら利用するんですが……」

男が遮るように尋ねてくる。

「ありがとうございます！　どちらでお知りになりましたか？」

必要はなかったが、何故か嘘をついた。

「ちょっと人づてに。ひとつ質問ですが、そちらに○○という方はいらっしゃいますか」

少し困った様子で受付の男は答える。

「うーん……そんな名前の子はいないですねえ。どちらで聞かれました？　もしかしたら他のお店かもしれませんね」

「過去にそういう子がいたとかはありませんか」

どうにも歯切れの悪い答えが返ってくる。

「……さあ、どうですかねえ。私も最近入ったものでして」

これが最後の質問だ。

「黒いミニバンに乗った、痩せた体型の送迎の人っていますか」

「はあ、またよろしくお願いします」

受付の男はぶっきらぼうに電話を切った。

スマートフォンの画面にはデリヘルの番号履歴だけが虚しく光っていた。

そして気づいたのだった。彼女が傷ついていく様を観察するのが、自分は次第に楽しみになっていたのだと。毎週火曜のショーにまんまと乗せられていたのだと。

あの黒いミニバンに乗ったドライバーと女性はどこからきて、どこに向かったのか。

田舎の吸い込まれそうな暗闇の道路を見るとたまに思い出す。

【怖い調査対象者　その8】

人違いの殺人

報告者：福林英哉（ガルエージェンシー奈良橿原／奈良王寺／奈良中央）

奈良ではお水取りが終わって、春の兆しが窺るようになったある日、夫の浮気に悩み続けているという女性が相談にやってきた。

女性の夫Aは、40歳で建築業を営む経営者であり、会社の事業は好調そのものである。しかし、人はお金を持つと使いたくなるのが性なのか、会社の売り上げと比例していくようにAの夜遊びはエスカレートしていった。

Aはホステスとして働くM嬢を目当てに、夜な夜な会社近くのスナックに通い詰めた。23歳のMとAが、男女の仲になるのに大して時間は掛からなかった。

だが、2人はともに家庭がある身。吊り橋理論とはよく言ったもので、危険な恋ほど燃え上がりやすい。MのAへの執着は時間が過ぎるにつれ、激しさを増していった。

その一方で、逢瀬を重ねるごとにAのMへの思いは離れていく。大抵、男というのはそんなものである。妻から探偵の調査報告という証拠を突きつけられたAは、Mとの関係を解消することを約束した。

が、MからAへ向けた想いはブレーキの壊れた列車と同じで、もう止まることはない。嫉妬と愛がエンジンを加速させる。やきもちを焼いたり、行動を把握したがることだけでは飽き足らず、Aが家族と一緒に買い物をしているところに突然現れ、妻子を睨みつけて威嚇するなど、次第に常軌を逸した行動をとるようになった。

「もう、君にはうんざりなんだ。別れてほしい。そもそも遊びの関係だって、2人とも割り切ってたはずだろ？」

ティースプーンを回しながら溜息をついたAのセリフは、昼下がりの喫茶店にはいささか似つかわしくない。

「……分かったわ」

Mは革のバッグから布に包まれた何かを取り出すと、ゆっくりと布をめくっていく。銀色に鈍く輝くそれは、Aの腹部をめがけてMの手とともに素早く動いた。

「え……？　これ……」

忘れ物を渡されたときのような声で、Aは間の抜けた返事をする。

Mの握りしめた包丁は、Aの腹が好きなようだ。Mの手から包丁が離れると、突き刺さった包丁から、波紋のようにジワリと血がワイシャツに広がる。

「う……うわああああああああ!!!!　だ、誰か!!　助けて!!　こ、これ、包丁!!　刺された！」

のたうち回るAを見下すように、Mは視線を投げかける。自分の愛した男はこの程度かと言うように……。しかし、それは期待を含んだ目線であった。変わってくれるはずだという期待を……。

Mは取り調べで殺意を否定した。そして、AもMの厳罰を求めなかった。Mは〝傷害罪〟で執行猶予付きの判決を受けた。

愛は責任に変わりながらも、Aの心の中に残っていたのである。

事件はこれで終結し、MもAへの執着を消し去るはずであった。

しかし、その後もAの夜遊びは続いた。

「ちょっと〜、飲みすぎじゃないですか〜？　明日も仕事でしょう？」

「大丈夫。今日は楽しもう」

といった調子で夜な夜な高級クラブを飲み歩いていた。

そうこうしている間に、Aに馴染みのホステスができ、頻繁に同伴するようになった。

Aの女遊びをどこで知ったのか？　Mが再び動き出したのである。

MのAに対する執着と裏切られたという喪失感が彼女をそうさせたのだろうか。

Mは、夜な夜な繁華街を徘徊してAの姿を探し求めた。

酔っ払いがたむろするコンビニから出ると、Mは辺りを素早く見回した。追われているのではない。追っているのだ。Aに似た背中を見かけるたびに、怒りの衝動を抑え、顔を確認する。何度これを繰り返しただろうか。

「次はあのラウンジへ行ってみよう。あの人がいるかもしれない」

その時、目的地へと向かい出したMの視線が、Aの姿を捉えた。ブランドの服を着込み、キッチリと髪をセットした女とビルへと入っていく。看板には水商売らしい色使いが見えた。

Ｍは走り出した。ビルのエレベーターは３階で停まった。

「ラウンジ〇〇……」

その後も、Ｍは調べつくした。そうして遂にＡの自宅マンションの部屋の前までたどり着いたのであった。

固く握ったゴルフクラブが今のＭには頼もしく見える。

ドアにそっと耳を近づけると、Ａの声が聞こえた。

「Ｍっていう女がいたんだけど、頭おかしくてさ。やることなすこと意味わかんねーの。それで～……」

無意識に振り上げられたゴルフクラブが、勢いよくドアに叩きつけられた。

「お前！！！　お前！！！！　お前ええええええええええ！！！！！」

立て続けに打ち込まれたゴルフクラブがぐにゃぐにゃに曲がる。

すぐに事態を理解したＡは、Ｍが昔勤めていたスナックのママに連絡した。ここで警察に連絡をすれば、執行猶予中のＭは実刑を受けて、刑務所に入ることになる。Ａのちっぽけな情はまだ残っていたのだ。だが、ママに連れられて帰って行くＭの顔に、憎悪が漂っているのをＡが気づくことはなかった。

その後もMのつきまといは続いていたのであろう。

後日Aは高級クラブのホステスと同伴出勤をしていた。そして、夜も更けて、クラブが閉店を迎え、Aと同伴していたホステスは、代行運転を使って帰宅した。

その車をMは尾行していたのだ。

マンションまで尾行しきったMは、覚悟を決め包丁をバッグに突っ込んだ。

Mの足取りは重く、怒りと嫉妬だけが彼女の足を動かしていた。

そしてホステスが部屋の鍵を開けた瞬間、Mはホステスの部屋に飛び込んだ。

その後、中でどのようなやりとりがあったのか、その詳細は不明である。だが結果として、MはAと同伴していたホステスを持参した包丁で刺殺したのである。

殺人罪。懲役17年という実刑が、嫉妬の代償としてMの身へと科せられた。

裁判の中で、実際にAが交際していたのは殺されたホステスではなく、その店のママであったことが判明した。ホステスは人違いで殺されたのである。

嫉妬に狂ったMには、それが見抜けなかった。ゆがんだ感情が生んだ、救いのない現実の話であった。

【怖い調査対象者 その9】

スキー場の悪夢

報告者：森章悟（ガルエージェンシー東京西部）

都内の企業に勤め、シーズンになると毎週のようにスキー場に通う女性がいた。

仕事も順調、上司からの信頼も厚く、同僚や部下からも慕われている。季節ごとの趣味や習いごとを存分に楽しみ、人生を謳歌している。スケジュール帳は常に様々な予定で埋まっている、そんな同世代が憧れるリア充を地で行く素敵な女性だ。

そんな彼女の中でも、スキーは少女時代から続ける特別な趣味だ。

この年も雪が順調に雪国を覆い、待ちに待ったスキーシーズンがやってきた。

スノーコンディションもよく、いい冬になりそうだと期待に胸が膨らむ。毎週末が待ち遠しく、週半ばを過ぎると遠足前日の小学生の如く興奮が止まらない。

この日も彼女は早起きをして、いつものように通い慣れたゲレンデに繰り出し、白銀の世界を満喫していた。

最近はゲレンデにも外国人スキーヤーが増え、国際色豊かになってきた。遠くの山々を望み、粉雪が舞う中、思い通りのシュプールを描く。颯爽とゲレンデを蝶のように舞う彼女の姿は、男性たちの視線を総ざらいにする、まさに白銀のプリンセス……。

そろそろランチにしようと午前のラストシュプールを描いていた時、突然鈍い衝撃が彼女を襲い、天地が逆になった。一瞬何が起こったのか理解できないまま宙を舞う。意識が遠のくような感覚の直後、自分の人生の様々な場面が、回る景色と共に次々と視界に飛び込んできた。これが走馬灯の如く蘇る記憶というものだろうか。こんなときに俯瞰できてしまう自分に驚いていることに、さらに驚かされる。

その後、一瞬意識が飛んだように思えたが、すぐに我に返り、やっと何が起こったのかが理解できた。彼女は60代と見られる男性スキーヤーに衝突してしまったのだ。

この人生で一番長くて短い一瞬が、彼女の人生を奈落の底に突き落とし、苦しみもがくほど抜け出せぬ、底なし沼に引きずり込むことになった。

この日以降、衝突した男性は毎日痛みを訴え、その後も歩行困難とのことで通院を重ね、補償を求めてきた。長引く要求に困惑しながらも彼女は責任を感じて、すでに200万円以上の金銭を渡してしまっていた。仕事はおろか、日常生活も困難であると訴える男性の症状はここへきても一向に良くならない様子だ。

彼女は将来のために必死に働いて貯めた貯蓄をこの男性への支払いでほぼ使い果たし、出口の見えぬトンネルに絶望し、精神的に疲弊して我々に助けを求めてきたのだ。このままでは彼女の人生は完全に破綻をきたしてしまう。

男性の主張では自営業をしているが、痛みのために仕事ができず、歩行も苦痛で日常生活に支障をきたしているとのこと。

まずはこの男性の主張が正しいのか、実際の男性の生活を確認する必要がある。

だが、この男性は地方都市に住んでいるため、首都圏に住む依頼人は男性の日常を窺い知ることもできない。

早速、探偵はこの男性の素行調査を開始するべく、自宅のある地方都市に飛んだ。自宅は立派な一戸建てだ。

この男性（以降、「対象者」と呼ぶ）の生活サイクルが不明なため、初日は早朝から調査を開始する。この年代の男性は夜明け前に行動を開始するケースも少なくない。午前6時ジャスト、対象者が自宅から出てくるのを捉えた。探偵はこの後、対象者の驚くべき生活を目の当たりにすることになる。

探偵が1週間にわたり対象者の行動に密着した結果、対象者は毎朝きっかり6時に自宅を出ると、車庫屋上の植木類にゆっくり、たっぷりと水やりを行い、その後、毎朝同じルートで散歩に出掛ける。そして毎朝同じ公園に立ち寄り、鉄棒を使って腕立てや逆腕立てをし、エクササイズにたっぷりと時間をかけていた。そう、サプリメントの広告に登場しそうなほど、健康的でエネルギッシュなシニアだったのだ。

1週間に及ぶ調査の結果、この男性は病院に行かず、毎日、杖も車椅子も使わずに自分の足で軽快に歩き、トレーニングを欠かさず活動的に過ごしていることが判明した。すべては真っ赤なウソだったのだ。ひとりの女性の充実した毎日と希望に満ちあふれた将来への夢の資金を完全に奪い取った男の嘘が、完全に暴かれた瞬間だった。

検証すると、トレーニングで汗を流し、帰宅した20～30分後にいつも依頼者に連絡をしていようだった。シャワーでも浴びて、スッキリしたところで電話をしているのか。さんざん体を動かした後でよくもぬけぬけと「今日も痛い」だの「食欲が出ない」だの言っていられるものだ。

対象者の言葉を信じて、怪我と体調を心配し続けた依頼人。そのような人の気持ちにつけこみ、騙し、利用して金銭を詐取する善良な市民の仮面をつけた悪魔である。

調査で真実が明らかになった後も、対象者は相変わらず体の不自由さを訴える連絡を欠かさずにしてきた。

依頼人がすでに嘘を見抜いているとは露知らず、いつものように御託を並べる。反撃の手がすぐそこまで迫っているとも知らずに大根役者は悲劇の被害者を演じ続けている。

依頼人は自分の人生を取り戻すべくこれらの決定的な証拠をもとに弁護士と共に徹底的に戦う決意を固めたことは言うまでもない。人を騙した悪事のツケはきっちり払ってもらわなければならない。

楽しいレジャーの陰に潜む魔の手。悪魔は天使の仮面を被り、今も、日常のそこかしこからあなたを狙い、一瞬のスキをついて襲うべく、すぐそこにまで迫っている。

あなたには背後に迫るその手が見えるだろうか？

【怖い調査対象者　その10】

宇宙からの指令

報告者：吉田容之（ガルエージェンシー横浜駅前／千葉駅前）

盗聴器や盗撮カメラの発見調査（盗聴発見調査）はよくある依頼の一つだ。企業のオフィスや依頼者の自宅に行き、調査機材を使用して盗聴器や盗撮カメラなどの発する電波を捜索し、さらに目視で隅々まで確認する。

今から十数年前の深夜、原（仮名）と名乗る男性から「盗聴されている気がするので自宅を調べてほしいのですが……」と依頼の電話が入った。

依頼者は声を潜めるように状況を説明するが、支離滅裂で要領を得なかった。

ガルエージェンシーでは集団ストーカー等の調査は行っていないが、依頼者が言っていることが本当だった場合、事件の可能性もある。電話では詳しく話せないので、すぐに自宅にきてほしいという求めに応じて、依頼人の自宅を訪ねることにした。

翌日、指定された時間に原氏の自宅を訪れた。玄関の呼び鈴を鳴らしたが反応がなかった。その間に二階建ての自宅をなんとなく眺めていたところ、すべての窓がカーテンではなく何か別のモノで目張りしているように塞がれてある。なんとなくではあるが嫌な予感がした。

不在だろうか。原氏に電話をかけようと思った矢先、ドアが勢いよく開いた。顔を上げると、アルミホイルを帽子状にしたモノをを頭にカブリ、白の作業服（白衣と白ズボン）に身を包んだ男性が立っていた。今度はなんとなくではなく、はっきりと嫌な予感がした。

原氏はあたりをキョロキョロと見渡しながら家の中へ入るように身振りで伝えてきた。促されるままに玄関を入ってすぐの部屋に入る。閉め切った部屋特有の、イヤなニオイが充満していた。

おそらくダイニングだったと思われる部屋には、ベッドや衣類などが所せましと置かれていた。原氏は声を潜めて説明する。

「家の中が盗聴されているみたいなんです。唯一、安全なのはこの部屋だけなんです。

家の中にいると、自分の行動が誰かに知られてしまって。最近は頭の中に直接話しかけられているみたいで、声も聞こえてきます。電磁波攻撃のせいで身体の調子も悪くなっています」

被害妄想ではないかと思ったが、実際に現状を確認するまでは判断できない。そこで通常通りの手順で、盗聴発見調査を開始した。受信機を持ち、ヘッドフォンをつけて部屋を隅々から調べていく。電波を受信すれば、音が聞こえる仕組みだ。

ダイニングを出て隣の部屋に入ったとき、思いもよらない光景に思わず足がすくんだ。アルミホイルで塞がれた窓。

床には「渦巻き模様が印刷された紙」が大量に敷き詰められている。

明らかに異様な状況。他の部屋もすべて同じだった。

一刻も早く調査を終わらせるため、急いで部屋を回っていると、ふいに背後に気配を感じた。そっと振り返ると原氏がぶつぶつと独り言を言いながら、私のすぐ後ろに立っている。

背後に密着されていると調査がやりにくい。少し離れてくれないかと頼むと、原氏の表情がこわばり、突如激昂した。

「この家に盗聴器を仕掛けたのはお前なんだろ？　お前だよなぁ！　今日も調査するふりをして何か仕掛けてるんだろう？　さっき仲間が衛星電波で教えてくれたんだ！」

原氏はすさまじい形相で意味不明なことを喚き散らすと、ダイニングに走っていった。

これはさすがに危険だ。

「料金は不要なので調査はキャンセルしましょう」

急いで機材をまとめると、ダイニングの方に声をかけて家を出ようとした。

そのとき……。

「逃げるな！　今、宇宙から、衛星から、お前を倒せばすべてが解決すると声が聞こえた！　仲間が〇〇で△△だ！」

リビングから原氏が飛び出してきた。右手に包丁、左手にハサミを持っている。鬼のような形相でこちらを睨みつけながら叫んでいるが、興奮しすぎて後半は何を言っているのかわからなかったが、危害を加えようとしていることは明らかだった。

「そ、それこそ相手の策略ですよ！　そんなことをしたら思うツボです！　あなたの思考を乗っ取ろうとしているんですよ！　自分は味方です、たった今、味方になりました！」

自分でもよく分からない理屈で、原氏を説得する。必死の説得の結果、原氏は冷静さを取り戻した……ように見えた。

「盗聴器はなかったので調査料金は不要です。では、失礼します」

その隙に原氏の自宅を後にした。背後では「どこにいる！　出てこい!!」などと一人で喚いて部屋の中を引っ掻き回す物音が続いていた。

「後ろから刺されなくてよかった……」

と安堵し事務所へ戻ったことを覚えている。

後日、渦巻き模様の紙を車の全面に貼った白装束集団がニュースで話題になった。

原氏がその関係者だったかどうかは不明だ。

【怖い調査対象者　その11】

母と娘の300日戦争

報告者：森章悟（ガルエージェンシー東京西部）

ある日の昼下がり。品のいい70代のご婦人が事務所を訪ねてきた。

上品で清潔感があり、立ち振る舞いが洗練されている。それでいて、その表情からは親しみやすい柔和さがにじみ出ており、誰からも慕われるような、素敵な人生を歩んでこられたのだろうと感じさせられるようなご婦人だ。

彼女は数年前にかねてからの念願だった初孫ができ、人生最高の喜びを手に入れた。毎日、孫の成長を間近で感じて、幸せに満ちた日々を過ごしていた。

やがて孫は自力歩行ができるようになり、言葉を覚え始めて自分のことも呼んでくれるようになった。とにかく孫の成長を見るのが、嬉しくて仕方がなかった。

しかし、そんな幸せな毎日は長くは続かなかった。

毎日笑顔で「ばあば、ばあば」とすり寄ってくる孫娘。幼稚園に入園し、帰ってくると弾けんばかりの笑顔で駆け寄ってくる。そんな孫娘が成長するにつれ、徐々に屈託のない笑顔が失われていくような気がした。

何かがおかしい。

息子に聞いてもわからないという。息子は普段仕事で家を空けているので、家庭のことはあまり把握できていないようだ。嫁にどうかしたのかと聞いても何も言わない。孫に直接聞いても口をつぐんでいる。

このとき依頼人は、孫は幼稚園に通い出したばかりだったので、環境が変わったために一時的にストレスを感じているのかと思っていた。だが、いつまで経っても以前のような笑顔は戻ってこない。

嫁に聞いても、相変わらず何も言わない。

孫に色々聞いてみると、どうやら母親（嫁）があまり家のことをしていないようだ。また、はっきりとは言わないが、何か口止めされているような素振りも見える。

ここで彼女は自分の身に起きている現実を理解した。

どうやら孫は、母親からネグレクトを受けているらしい。嫁が育児放棄しているのだ。

まさか自分の孫が育児放棄に遭うなどとは露にも思っていなかった。


色々と調べてみると、ストレスが育児放棄につながるケースがあるということがわかった。依頼人は嫁のストレスを少しでも減らせればと、自宅の隣の土地に息子家族のために立派な注文住宅を建ててやった。

しかし、それでも状況は何も変わらなかった。

孫娘の成長を心配し、再三、息子や嫁に注意をしたが、暖簾に腕押しで聞き入れてくれず、まったく改善しない。このままではいけないとネグレクトについて学び、調べ、改善を試みた。児童相談所に相談にも行った。1分1秒ごとに孫の心が傷ついているような気がして、いても立ってもいられない。

そしてなんとか孫を助けたい、と私を訪ねてきたのだ。

まずは嫁の孫に対する態度を確認すべく、尾行調査を開始した。

対象者（嫁。以降、対象者と呼ぶ）は昼間自宅内にて過ごし、午後は毎日徒歩で幼稚園に娘（依頼者の孫）を迎えに行き、帰りは必ず駅前のショッピングモールに立ち寄って帰宅することが分かった。

幼稚園を出た対象者はさすがに娘の手を引いていたが、会話はほとんど見られない。対象者はショッピングモールの中を非常にゆっくりと歩いているが、頻繁にモール内のベンチに腰かけて休む。大柄な対象者は疲れやすいのだろうか。そして喫茶店に入り、コーヒーやケーキなどを食べたりするが、その間も親子の間には会話はほとんどなく、対象者は常に携帯電話（スマホ）を触っている。娘はただただ連れまわされているだけで、終始退屈そうにしている。このような状況が毎日続いた。

話もせず、笑いもせず、怒りもしない。わが子を叱ったりきつく当たったりする素振りもなければ、気に掛ける様子も見られない。終始無関心に見える。ただただ無表情で歩いて携帯電話を操作しながら飲食して時間を潰す毎日である。

依頼者はこの状況に非常に強いショックを受けていた。報告書の中の写真が捉えた孫娘の悲壮感漂う表情を見て、なんてかわいそうな孫娘だと衝撃を受けたようだ。

依頼者は根気強く対象者と話し合いを続けた。もちろん調査をしたことは話していない。しかし対象者はそんな依頼者を疎ましく思ったのか、依頼者や夫の心配をよそに引っ越すと言い出した。嫁は専業主婦なので夫の収入でやりくりしている。居住費がかからない環境にあったのに、家賃の負担が増えれば生活水準も下がるだろう。せっかく建ててあげた家も捨て、なぜそこまで引っ越しをしたいのか。依頼者は引っ越し後の生活が心配だという。孫のことも心配だし、息子の負担増も心配だという。

孫を守るため、息子一家の引っ越し後の生活を追う。

引っ越し先に関しては口を閉ざして話さないため、引っ越し当日、引っ越しトラックを尾行する。失敗の許されない一発勝負だ。

トラックは都内を出て数時間走った。そして近県郊外にある小さなアパートの前に到着した。都内まで通勤圏内といえばそうなのだが、以前より大変になるのは明白だ。

夫の通勤も遠くなり、決して広いとは言えないアパートに人も羨む大きな一戸建てを捨ててても移りたい理由は何なのか。荷物も一部しか入らないだろう。そこまでして依頼者と離れたかったのだろうか。

調査を継続すると引っ越し後の買い物や散歩にも対象者は娘を連れて出歩きだした。

しかし、ここでも無関心な様子は変わらない。

無関心は叫んだり大声を出したりしないので、外部からはわかりにくいこともある。

調査は成功し、転居先も判明したので依頼者は今後も話し合いの場を持つことは可能となった。まずは行方不明にならなかったことで安心したようだ。

しかしこれまでも話し合いに拒絶反応を貫いてきたため、いきなり押しかけてもさらに拒絶するだけだろう。

依頼者はまずは児童相談所に相談に行き、何が何でも孫を救うつもりだという。

嫁からすれば、その強すぎる思いが更に疎ましく思えるのかもしれない。

この2人の戦いはまだまだ続きそうだ。

息子もそろそろ本気で仲裁を考えた方が良いだろう。

夫婦揃って自分の家族に無関心なのは少したちが悪い。

孫のことを思うと、一刻も早い解決が望まれる。

第三章

罪深きは人間の欲望

【罪深きは人間の欲望　その1】

愛、燃え尽きた後…。

報告者：佐藤紀征（ガルエージェンシー浦和）

私は前職が調理師だったこともあって、地域貢献のためにときどき地元公民館の料理サークルで講師をしています。

花嫁修業中の20代女性から料理が趣味の60代男性まで、メンバーの年齢層は幅広く、ときにみんなでお酒を飲みに行くほど、仲の良いお付き合いをさせていただいています。

そんなある日、飲みの席で数名の生徒さんからサークル内に不適切な関係の男女がいると聞きました。

その男女とは、40代の会社経営者のAさんと30代の主婦Bさんです。2人とも既婚者でそれぞれ子どももいます。Aさんは明るく朗らかで、サークルのムードメーカー的な存在。一方のBさんは大人しい性格で、どちらかといえばあまり目立ちません。そんな対照的な2人が恋愛関係にあり、不倫までしているとは……。

翌週の講座では、数名のグループに分かれてもらい、魚のさばき方と調理法を教えました。

2人はやはり同じグループになり、ときおり身体を密着させては耳元で何事か囁き合っています。

授業が終わった後、私の本業を知る生徒さんのひとりから、2人を辞めさせる口実として、浮気調査をして決定的な証拠を集めればよいのではという提案がありました。

しかし、配偶者から調査依頼を受けたわけではないので、それはできません。生徒さんにも理解してもらい、もう見て見ぬふりをするしかないということになりました。

しかし、その後、この問題に急展開がありました。

Bさんの旦那様から私の勤める探偵事務所に相談依頼があったのです。

旦那様によると、奥様が料理サークルに行った日は、毎回必ず夜遅くに帰宅。旦那様が出張で数日家を空けると、奥様はなぜか子どもを実家に預けているらしい、というのです。

そして最近になって、旦那さんのLINEに『昨日はすごく気持ちよかったです。シャワーの……』という意味深なメッセージが奥様より送信され、すぐに送信取り消しされたのだとか。

明らかに他の男性と肉体関係がある内容だったことから、奥様の行動を調査したいと依頼を受けました。

女性は料理サークルの日に浮気をしている可能性が高いため、1週間後に調査予定を組んで準備をしていたところ、旦那様から電話が……。なんと、奥様が消えてしまったというのです。

銀行から数十万円単位でたびたび現金が引き出されており、衣類や貴重品がスーツケースとともになくなっていることが判明。数日間、ずっと連絡が取れないため、家庭を捨てて逃げたのかもしれないと旦那様は怒りを露にしていました。

「逃げた妻を探してほしい」

浮気調査ではなく、行方調査に切り替えました。

サークルでの会話を思い出し、Bさんが行きそうな場所を手あたり次第に探します。

しかし、なかなかその消息をつかめません。

1日の調査を終えて事務所に戻ってくると、今度はAさんの奥様がやってきました。

昨日からAさんが家に帰ってきておらず、何度も電話をしたら「佐藤さん（私のことです）と一緒にいる」というメッセージが送られてきたそうです。事務所の中に入ってもらい、Aさんの奥様の気持ちが落ち着くまでそばにいましたが、少し鬱になっているのか目が虚ろになっていました。

サークルの中で不倫が発生し、それぞれの配偶者から相談を受けるとは、まるでドラマのような展開です。でも、驚いてばかりもいられません。私の教室が出会いの場になってしまったわけですから、少なからず責任の一端があるとも言えます。私はその責任を果たすには2人を発見するしかないと思い、必死に調査を進めました。

数日後、失踪したAさんの友人から話を聞くことができました。

Aさんに最後に会ったのは数か月前だそうですが、Aさんはたいそう羽振りがよく、

「最近、いい金づるを見つけた」

などと言っていたそうです。

この発言が事実であるとすると、状況証拠から〝金づる〟というのはBさんのことを指している可能性が高そうです。私は2人の本当の関係を知って、非常に悲しい気分になりました。

その後も調査を続けましたが、2人の消息は杳として知れませんでした。

どこか遠くに逃げたのだろうか。

諦めかけたとき、ついに2人を発見しました。

偶然、私の知り合いが樹木が生い茂る山中の廃屋の傍で、倒れているAさんとBさんを見つけて連絡してくれたのです。

Aさんはズボンを下ろし、下半身を露出した状態で。

Bさんは服装が乱れた状態で、いずれも亡くなっていました。

傍らには、カラフルな錠剤と置手紙が置かれていました。手紙には〝ダメなお母さんでごめんなさい〟と我が子への懺悔の言葉が書かれていました。

Bさんはなぜ A さんと逃げたのか。
Bさんに何か弱みを握られていて、お金を貢がされていたのか。
それとも、愛情からBさんにお金を渡していたのか。
今となっては実情は分かりません。
この案件では、後にAさんの奥様も自ら命を絶っています。
今でも思い出すたびに辛くなる調査でした。

【罪深きは人間の欲望　その2】

魔性の女　奈津美

報告者：三宅一弘（ガルエージェンシー蒲田）

その依頼者が事務所を訪れたのは、数年前の春のことでした。

50代くらいの細身で素朴な女性です。

非常に不機嫌そうな顔をされていたのでお話を伺うと、芸能人を広告塔にしている某有名探偵社にご主人の浮気調査を依頼したところ、ご主人を15分で見失ったにもかかわらず、それを隠して1日分の調査料金を請求されたのだそうです。

今度こそ、夫が浮気をしているかどうかをちゃんと知りたい、もし浮気をしているのであれば、相手女性（第二対象者）の写真と居住地を知りたいという強い願いをお持ちでした。

奥様によると、ご主人（対象者）は最近になってスマホを肌身離さず持つようになり、こっそりLINEをしたり、急にスマホのパスワードを変えたりと、怪しい点が多々あるといいます。

「決定的になったのは、出勤時の不審な行動です。夫は自転車で通勤していたのに、急に歩くようになったんです。おかしいなと思ってマンションの窓から出勤する夫を見ていたら、コンビニの前に停まっていた黒い車に乗り込んだんです」

奥様によるとご主人は毎朝、その黒い車に乗って出勤しているといいます。

このご夫婦はご依頼者様が52歳でご主人が40歳と、年齢が離れていました。会社には若い女性もいるだろうし、誘惑に負けて浮気をしているかもしれない。心配になって誰の車に乗っているのかと問い詰めると、ご主人は「会社の事務員が通勤途中に乗せてくれている」と答えました。いつも相談にのっているから、そのお礼だというのです。ご主人は管理職をされているので、そういうこともゼロではないかもしれません。奥様としてはとにかく真実を知ってスッキリしたいということでした。

正式に依頼を受けた後、ご主人の行動調査を開始しました。

出勤から退社するまで監視し、第二対象者の情報を得ることが目的でした。並行して資料調査も行った結果、第二対象者の身元が判明しました。

ご主人と逢瀬を重ねていたのは、加藤奈津美（仮名）という女性でした。

年齢は58歳、ご依頼者様よりも年上でした。

調査では朝から自宅前に張り込みました。するとご主人の出勤時間に合わせるように黒い三菱デリカが現れ、コンビニ前に停車。対象者が助手席に乗り込み、車内で少し会話をした後、2人はコンビニに入っていきました。

店から出てくる姿を撮影すれば、第二対象者の面を割ることができます。私と調査員は二手に分かれて待機し、カメラを構えました。

数分後、2人がコンビニから出てきました。対象者に親し気に微笑みかける第二対象者を見て驚きました。とにかくものすごく若く見えるのです。

年齢は58歳ということでしたが、フリフリのついた白いブラウスに紺のロングスカートで現れた女性は、どう見ても30代としか思えません。身長は165センチはあるでしょうか。黒髪ストレートに、贅肉ひとつないスラッとした体形、はかなげな表情は思わず守ってあげたくなります。生活感がまったくなく、ご依頼者様とは正反対の容姿でした。

社員が並んだ集合写真を一枚入手していましたが、そこに映っている第二対象者はかなり老けており、印象がまったく違うので調査員と何度も確認するほどでした。

1週間後、対象者であるご主人の退社後の行動を確認するため、近くの駐車場で張り込んでいると、対象者が1人で現れて徒歩で歩き出しました。第二対象者の車はまだ駐車場にあったので、調査員は対象者を尾行、私は第二対象者の車を監視し続けます。すると間もなく第二対象者が出てきて車に乗り込みました。その車は対象者を追いかけ、途中で対象者が乗り込みました。会社の同僚たちの目を警戒してのことでしょう。

2人を乗せた車は、羽田空港近くにある広い駐車場の一番奥に停まりました。調査員は車に接近し、車内の様子をビデオに収めます。そのとき、2人はシートを後ろに倒してカーセックスの最中でした。ご依頼者様が事前に対象者の鞄にボイスレコーダーを仕込んでいたので、音声もしっかり録ることができました。

翌日、ご依頼者様が事務所にいらしたので、駐車場での一部始終が映ったビデオをお見せして、これまでの調査結果を報告しました。

ご依頼者様は夫が浮気をしているという事実に少なからずショックを受けている様子でしたが、ボイスレコーダーをバッグから取り出すと、ゆがんだ笑顔を浮かべながら「一緒に聴きませんか?」とおっしゃいました。

レコーダーを再生すると、車のドアが閉まる音がした後、「準備オッケーで～す」とのご主人の声がしました。そこからすぐに「アヘー、アヘー」と男性の声が響き、1分も経たないうちに行為が終わっていました。

「男のくせにずっと『アヘアヘ』言ってて気持ち悪いでしょ。モノは大きくないし、なんで夫を選んだのか理解できないわ」

ご依頼者様は吐き捨てるように言いました。

その日の夜8時頃、ご主人が帰宅した後、私はご依頼様と一緒に第二対象者の自宅に向かいました。直接、第二対象者と話がしたいというご依頼主に同行を求められ、慰謝料の交渉などは一切できないことを了承いただいたうえで同席したのです。

インターホンを押すと中学生くらいの女の子が出てきて、「母は買い物に行ってます」

と言いました。しばらく外で待っていると、黒いデリカが現れて、中から第二対象者とその配偶者らしき男性、そして高校生くらいの女の子が降りてきました。

「山川と言います。分かりますよね？」

ご依頼主が第二対象者に近づき、語りかけます。

「お付き合いをお願いできますか？　ご主人、奥様をお借りいたします」

第二対象者は観念したのか、「はい」とだけ一言答えました。

怪訝そうな顔で一言も喋らなかった旦那さんと娘さんを残して、私たちは３人で近くのファミレスに向かいました。

席に着くなり、ご依頼主は本題に入りました。

「うちの主人と浮気をしていますよね？」

しかし、第二対象者は否定します。

ご依頼主は、ご主人と第二対象者が車に乗るところ、コンビニから出るところ、羽田空港の駐車場に停車しているところの写真を順番に並べていき、「これ以上、もっと出しますか？」と第二対象者に言いました。実はこの追い込み方は私の考えた作戦です。

その作戦が功をなして第二対象者は「申し訳ありませんでした」と浮気を認めて頭を下

げました。

そのとき、第二対象者の夫がファミレスに入ってきました。

予期せぬ展開にどうなるのかと緊張したのですが、開口一番に「うちのバカがまた何かしましたか」と言ったのです。夫によると、彼の妻がこのような浮気をするのは3度目なのだそうです。

「妻には会社を辞めさせます。二度とお宅のご主人とも会わせません」

話し合いの最中、第二対象者は黙ってずっと下を向き、夫のほうが平謝りだったことが印象的でした。

話し合いが終わり、私とご依頼主だけがその場に残り話をしました。真実が分かっただけでなく、こうして相手と直接話ができてすっきりしたと、ご依頼者様はおっしゃっていました。

帰宅後、ご依頼主は呑気にテレビを観ているご主人に、「今、加藤に会ってきたわ。すべて話は聞いたから」と言ったそうです。その後、ご主人はスマホのパスワードを解除し、家ではほとんどスマホを見なくなったそうですが、ご依頼主は深く傷ついていました。

「愛人と対決したときはアドレナリンが出ていて大丈夫でしたが、落ち着くと思い出して眠れないんです」

ご主人に浮気をされた奥様は、ラブホテルの出入りや路上でのキス程度は目にしますが、普通は、性行為の映像を観たり、音声を聞かされることはあまりありません。ご依頼主としてはショックが大きかったのでしょう。

後日、ご依頼者様から聞いたところでは、勤務先の社長の怒りはすさまじく、ご主人は平社員に降格。第二対象者も解雇されたそうです。社長がそこまで怒った原因は不明ですが、第二対象者に交際を申し込んだがフラれた過去があるそうで……。

あとで分かったことですが、第二対象者は性に奔放なところがあったようで、ご依頼主のご主人以外にも、ほぼ全員の社員と肉体関係を持っていました。最終的にご依頼主のご主人を選んで交際していたわけですが、みんな穴兄弟の会社だったわけですね。

まさに魔性の女。彼女はいまも都内某所にいて、羽田近辺で働いています。

【罪深きは人間の欲望　その3】

とても嫉妬深い男

報告者：安和大（ガルエージェンシー松戸）

10年ほど前に、盗聴発見の依頼を受けたときのことである。

依頼者は吉川梢さん（仮名）。結婚して1年目だが、夫の吉川誠（仮名）の嫉妬や束縛が酷く、一度逃げ出すも夫に連れ戻された。その日以降、夫の留守中の会話なのに、なぜか夫が会話の内容を知っていることがたびたびあった。もしかしたら盗聴器が仕掛けられているのではないかと思い、依頼をしたということだった。

一度、吉川さんに外に出てもらい、打ち合わせをした後、吉川さん宅を調査した。

受信機を持って部屋を回ると、さっそく盗聴電波を拾う。吉川さんが危惧した通り、盗聴器が仕掛けられていた。

調査を終えた後、再び吉川さんと外で打ち合わせをする。

仕掛けられていた盗聴器はひとつ。外したことが気づかれたら、夫に何をされるか分からないと怯えていた。そこで盗聴器はそのままにし、見つかっていないと思わせている隙を狙い、吉川さんは逃げる準備をすることにした。そして、調査員のフォローもあり、吉川さんは無事に逃げた後、夫と離婚をすることができたのである。


それから数年後、また嫉妬や束縛で悩む女性から盗聴発見の依頼が入った。

依頼人の名前は、佐々木理沙さん（仮名）。

恋人関係にある男性と同棲していたが、その男性の嫉妬や束縛が余りにも酷いため、友人の助けを得て逃亡。もしかしたら荷物の中に盗聴器が仕掛けられている可能性もあるので調べてほしいとのことだった。

佐々木さんのもとに向かい、盗聴器やＧＰＳなどが仕込まれていないかを確認する。

幸い、不審な電波は探知されなかった。

調査結果を伝えると、佐々木さんは安堵して詳しい経緯を話してくれた。

「同棲する前はすごく優しかったけど、同棲してから急に嫉妬や束縛が酷くなったんです。彼氏が外出して家にいなかったのに、私が友だちと電話で話した内容を知っていたことがあって、おかしいと思って部屋を調べたらICレコーダーを見つけたんです」

私は、佐々木さんに何かあれば力になるので連絡を下さいと伝えた。

それから数か月が経ち、佐々木さんから平穏に暮らせていると連絡が入った。


それから2年ほど経った頃、私は探偵仲間に頼まれ、尾行調査を手伝うことになった。

調査内容は、依頼者の夫を監視し、随時、夫の行動を伝えるというものだった。

依頼者の夫は異常に嫉妬深く、外出中しているときも依頼者が何をしているのか、常に把握していた。おかしいと思った依頼者が調査を依頼をしたら、案の定、盗聴器とICレコーダーが計10個も出てきた。夫が怖くなった依頼者は何かが起きる前に自宅から出ていくことを決心し、決行するまで夫の行動を監視して欲しいとのことであった。

似た依頼もあるものだ。そう思い、調査対象者の名前を確認すると「吉川誠」とあった。

まさかな……。ふいに2年前の案件が頭を過る。

急いで依頼人の佐々木さんに連絡を取り、確認をした。

「えっ、あのときの彼氏の名前ですか？　……〝吉川誠〟です」

【罪深きは人間の欲望　その4】

取ったら注意

報告者：草野敦（ガルエージェンシー日立）

相談にいらっしゃったのは50代の女性で、ご主人の浮気調査の依頼だった。

ご主人は50代後半の、一部上場企業の研究所に勤務する研究者。浮気を疑ったきっかけは、ご主人の書斎で、大人のおもちゃが大量に詰まった段ボール箱を発見したことだった。

「真面目だけが取り柄で、仕事一筋な主人です。仕事の帰りには、買い物もしてきてくれる優しい主人なのですが……」

そう話す奥様だったが、はっきりさせたいとのことで調査を決意したという。

ご主人は仕事柄、出張が多く、土日の出勤もあり、何時が怪しいかはまったくわからないとのこと。まずは、本来なら休日であるはずの、土曜日に出勤する日に調査を行った。

午前9時、ご主人は自家用車で自宅を出た。尾行を開始すると、勤務先とは違う方向に進んでいく。20分ほど車を走らせたご主人は、とある駅前の駐車場に車を停めた。

ご主人はスーツ姿で、ボストンバッグを持ち、その駅方面に向かった。

「ここからは電車移動か?」

そう考えていると、ご主人は駅に併設された多目的トイレに入った。

5分、10分……。なかなか出てこない。

20分が過ぎた頃、ようやくトイレのドアが開いた。

現れたご主人を見て、調査員は度肝を抜かれた。

スーツがジーンズにジャケットといったラフな服装に変わっている。靴も黒い革靴からスニーカーに変わっていた。驚いたのは、髪の毛がなくなっていたことだ。事前に確認していたご主人は、頭髪はふさふさで、いかにも女性にもてそうな感じの二枚目だった。それがツルツルになっているのだ。

すぐさま依頼主の奥様に確認の電話を入れる。

「ええ、たしかに主人はカツラを被っています。でも、絶対に人前で外さないはずなのですが……」

ご主人は車に戻ると、駐車場を後にした。大切なカツラを外して、いったいどこに行くのか。尾行を続けると、ご主人の車は大型のショッピングセンターの駐車場で停まった。

店内に入ると明らかに2人分と思われる弁当やドリンク、お菓子などを購入し、車に戻った。ご主人の車は同じ駐車場の、比較的空いているエリアに移動し、そこから動かない。ほどなくして1台の車がご主人の車の脇に停車した。運転席から降りてきたのは、40代と思しき、一人の「男性」だった。小太りで、これまた頭の薄い人物だ。ご主人も車を降り、2人は手を握り合って何か話している。その後、その男性はご主人の車の助手席に乗り込み、2人は駐車場を後にした。向かったのは、郊外にあるモーテル型のラブホテルだった。

6時間近くホテルに滞在した2人は、大型のショッピングセンターの駐車場に戻り、そこで別れた。調査員は男性の車を尾行、自宅を突き止めると、氏名・勤務先も判明した。男性は2人が会ったショッピングセンターから60キロほど離れた隣県に住む、実家暮らしの独身会社員で、2人は定期的に会っていることが分かった。

また別の平日、今度は1泊の東京出張が入っているとのことで、調査を行った。

この日は、奥様が自宅の最寄り駅まで車で送り、電車で東京に行くとのこと。調査員は駅で待機していた。ご主人は予定の特急列車に乗車した。そして上野駅で降りるとトイレへ直行。案の定、出てきたご主人の頭にカツラはなかった。ご主人はその足で、駅近くのポルノ映画館へ。のちに判明したが、そのポルノ映画館は男性が好みの男性を探す、有名な「ハッテン場」だった。3時間後、ご主人はかなり若い男性と出てきて、ラブホテルに直行。2時間ほどで出てきた2人は、そこで別れた。

その後、ご主人は新宿に移動し、高級ホテルにチェックインした。ロビーで張り込んでいると、部屋からエレベーターで降りてきたご主人がロビーで待っていた男性と合流。その男性は、ご主人と同年齢ぐらいで、なかなかの二枚目であった。

2人は以前からの知り合いらしく、タクシーで歌舞伎町方面に向かい、焼き肉店で食事した後、「新宿2丁目」のバーに向かった。長丁場の張り込みを覚悟したが、1時間ほどで2人、いや3人が出てきた。1人増えている。もう1人は、あの他県に住む男性だった。3人はタクシーに乗り込むと、ご主人がチェックインした高級ホテルに向かい、部屋に消えていった。翌朝、そのホテルの朝食バイキングで、仲良く3人で食事している現場も確認した。

後の調査で同世代の男性は、ご主人の勤める会社の、本社勤務の社員と判明した。この1日で、ご主人は定期的に会っている小太りの男性、映画館の若者、同年代の本社勤務の男性と、3人の男性と関係を持ったことになる。本案件調査中には、上野のサウナや映画館等で他にも男性を物色しているのを確認した。共通して言えるのは、ご主人がそういうことを行う日は、必ず「カツラは外す」ということだった。

人前で外さないはずのカツラを外すご主人。彼にとってカツラは本当の自分を解き放つスイッチのようなものなのかもしれない。

【罪深きは人間の欲望　その5】

史上最悪の浮気発覚

報告者：松本努（ガルエージェンシー仙台青葉／山形／郡山）

探偵事務所にくる依頼の半分は浮気調査です。

私もこれまで1000件以上の浮気調査を行ってきました。

どの探偵でもだいたい同じ内容になるでしょうが、浮気を疑った理由ベスト3と変わり種を紹介いたしましょう。

夫婦間で浮気がバレる理由ベスト3

1位：スマートフォン

現代は何といってもスマホに情報が入っています。ＬＩＮＥに浮気の証拠があったり、暗証番号を変えたり、絶えず持ち歩くようになったり、マナーモードにしたり……。浮気のツールでスマホは１００％使用しますので、1位は揺るがないでしょう。

2位：帰宅時間が遅くなり、休日出勤が多くなる

浮気相手とデートしますから、帰宅はどうしても遅くなります。

「飲み会で遅くなる」「週末は接待ゴルフなんだ」「同窓会で集まるから泊まりになる」など、苦しい言い訳をして浮気の時間を作りますので、不信感を抱かれがちです。

3位：別れて欲しいと言ってきた

意外と多い理由です。直球ですね。いまは3組に1組が離婚する時代ですから、離婚なんて驚くことでもありません。しかし、配偶者のアラ探しを始めたり、昔のこんなことが嫌だったんだ、なんて言い出したら要注意かもしれません。

その他、浮気がバレた変わり種の原因に、

・浮気相手と間違って妻にＬＩＮＥを送った
・夫のパンツにシミがあった
・夫に長い髪の毛がついていた
・靴下の左右を履き違えていた（外側のポイントマークが内側になった）
・車のドラレコを確認したら、変な場所に駐車していた

などというものがありますが、私はあまり驚きません。
しかし、先日の相談者であるご主人さんとの会話では、流石に私もびっくりしました。

私「どうして奥さんの浮気を疑ったのですか？」
ご主人「夜に夫婦生活をしようとしたら、コンドームが見つかったのです」
私「なるほど。そのコンドームはどこから出てきましたか？」（妻の財布の中か、タンスの中からでもコンドームが見つかったのかな？）
ご主人「その、……妻の下半身からコンドームが出てきたんです」

私「!?⁇　えっと、下半身というと奥様の●●にコンドームがあったのですか？」
ご主人「はい、妻の●●から使用済みと思われるコンドームが出てきました」
（おいおい、そんなことがあるのか？　浮気相手の男も、妻もどうなってんだ？　浮気のＳＥＸが終わった後、使用したコンドームを妻の●●に入れたままにするなんて、どういう状況？　オー・マイ・ゴッド!!　よくご主人、妻の首を絞めなかったな）
私「その……、コンドームはどうしました？　浮気を問い詰めませんでしたか？」
ご主人「かなり精神的にきつかったですが、そのまま夫婦生活をしましたので、私が浮気を疑っていることは知らないと思います」
私「そうですか、それは良かったです」（あんたはスゲーよ。その精神力にはびっくりするよ。男の中の男だね）
探偵という職業柄、色んな浮気と出会ってきましたが、これは流石に珍しい案件です。
今まで数ある浮気の発覚理由を聞いてきましたが、未だにこれよりもキツい発覚理由は経験がありません。

【罪深きは人間の欲望　その6】

不貞を運ぶ配達員

報告者：久保田久之（ガルエージェンシー静岡／静岡北／浜松）

今から数年前、事務所に一本の相談電話が入った。

依頼人は30代後半の男性で、相談の内容は妻の浮気についてであった。

数か月前から夜の営みが減り、会話も少なく妻の態度が明らかに変わった。おかしいと思い、妻のスマートフォンを確認すると浮気相手とのやりとりが残されていたという。

私は証拠保全のために、依頼人のスマホでそのやりとりを撮影し、面談時にその写真を持ってくるように指示をした。

数日後、依頼人が事務所を訪れた。撮影をしてもらった妻のSNSの履歴を確認すると、「愛してる」「会いたい」「好き」といったお決まりのフレーズはあるものの、証拠として必要な「いつ、どこで、だれが……」の〝5W1H〟がないように思えた。

依頼人は妻が浮気をしていたとしても、子どもが小さいため離婚は考えていないという。だが、浮気相手との関係を一刻も早く終わらせてほしい。そこで浮気の証拠を集めるために、妻の行動素行調査を実施することで合意した。

対象者である妻は、30代前半の専業主婦。長男である幼稚園児の息子と3人で大型市営団地に住んでいた。

調査初日、依頼人の夫が出勤。対象者は長男を幼稚園に送り届けると、スーパーで買い物をして帰宅。昼過ぎ、幼稚園に子どもを迎えに行って帰宅、というなんの変哲もない1日だった。数日にわたって調査を行ったが、それが毎日繰り返される。妻に不審な点はない。調査は難航するかに思われた。

しかし、現場を担当している調査員がミーティングで発した一言で情勢が変わった。

「ふつう、あんなに荷物が届きますかね？」

そう、対象者のもとにはしばしば荷物が届いていたのだ。調査記録を見返すと、週に3回、同じ宅配業者の男が決まった時間に部屋を訪れていることが判明した。

「まさか……？」

と思いながらも、我々はこの宅配業者の男に着目をすることにした。

依頼人宅は、何棟も並ぶ大型市営団地内の一画にある。宅配業者の男は、市営団地内の指定の駐車場にトラックを停め、荷物をあちらこちらに運んでいた。もちろん、依頼人宅に行くときも荷物を持って行く。最近はコロナ禍の影響もあってネットで買い物をする人が増えているので、週に3回の配達は有り得ることではあるのだが……依頼人宅に行く時だけは、通常よりも時間が掛かっているのだ。

「もしや、部屋に入り込んで不貞を行っている？」

そうなると我々だけでは立証が難しい。部屋の中までの追尾は不可能なのだ。

我々は依頼人に来社を請い、打ち合わせを実施した。

依頼人宅に宅配業者の男がきた時、部屋では何が行われているのか？

これを見極めるには、隠しカメラを設置する他に手はない。私は依頼人に現在の状況を説明した。初めは戸惑っていた依頼人も最後にはカメラを設置することに合意し、カメラの操作方法と設置場所をレクチャーし、2台のカメラを貸し出した。

その結果、宅配業者の男が部屋に入った時の映像を3回分押さえることができた。

依頼人がカメラを持って来社する。早速、映像を再生すると、呼び鈴を鳴らして玄関を潜る宅配業者の男が鮮明に映し出されている。本来なら玄関先で荷物を渡し、サインをもらって帰って行くのだろうが、男は靴を脱ぐとダイニングルームに導かれて行く。リビングには、ダイニングテーブルが置かれており、周りにはテーブルのデザインに合わせたであろうソファーが並んでいる。宅配業者の男がそのソファーに座る。依頼人が「そこ、俺が座る位置なんだけど……」とポツリとつぶやいた。

対象者の妻が飲み物を入れて横に座る。カップに一口つけると2人は抱き合い、ソファーの上で交わり始めた。やはり宅配業者が不貞の相手であったのだ。

3日分の映像には、同様の行為が3回分記録されていた。証拠としては最高だが、目の当たりにした依頼人は複雑な気持ちであろう。映像が再生されている間、依頼人が見せたくない場所を一生懸命に手で隠していたのが印象的だった。

浮気相手の男は、有名企業の社員だったが、制服のまま業務中に行為をしていたため解雇されたと後に依頼人から連絡が入った。誘ったのはどちらか？　いまとなっては分からないが、荷物を運んでいた浮気相手は、〝愛〟まで運んでしまった故に、とんだ賠償金を払うこととなった。

仕事は真面目に遂行しないととんでもないことになる、という教訓である。

【罪深きは人間の欲望　その7】

ドラマを超えたまさかの結末

報告者：久保田久之（ガルエージェンシー静岡／静岡北／浜松）

今から30年くらい前だろうか、静岡県西部地区から一本の相談が舞い込んだ。話を聞くと、依頼人は20代後半の主婦で30代半ばの夫の行動に疑問があるという。なんでも、会社員の夫は毎日出社しているはずなのだが、給与明細を確認すると出勤日数が合わず、給料も減っている。単にズル休みをしているのか？　それとも、他に理由があるのか？　夫の行動を調べてほしいということだった。

私は対象者の詳細な情報を得る必要を感じ、妻に事務所にきていただくことにした。数日後、細身の美しい女性が小さい子どもを連れて相談に訪れた。話を聞いていくと、夫が何らかの目的で会社をズル休みしている可能性が高いと確信した。

夫がいつ会社を休むかは、本人にしかわからない。調査は一日ずつ進めていくことで了承いただき、契約を交わすこととなった。

依頼人の家族構成は、依頼人である妻（20代後半、パート）と対象者の夫（30代半ば、会社員）、長男（幼稚園）、依頼人の母（50代後半、未亡人・無職）の4人家族。いわゆる「マスオさん」状態である。依頼人の父は、数年前にがんで他界し、落ち込んでいた母を励ますために、依頼人たちが同居を始めたという。

調査を開始する。対象者は朝7時15分に家を出て車で会社に向かう。対象者は数日後、対象者の車が会社とは反対方面に向かった。着いたのは公園の駐車場。そこで2時間ほど時間を潰した対象者は、妻がパートに出かけた後、一度自宅に戻り、午後にまた家を出て時間を潰し、勤務時の帰宅時刻に合わせて家に帰った。典型的なズル休み行動である。

この事実を、依頼人に報告をすると、「自宅にいる母から何も聞いていない」という。

「何かにおうな」私は、そう思った。

依頼人宅の人の出入りを時系列でまとめると、

夫：7時15分に出社〜18時45分ごろに帰宅
妻：9時に子どもを幼稚園に送り、パート開始〜16時、幼稚園で子どもを迎えて帰宅
母：自由時間

このような感じである。

私は当初、対象者を依頼人の母が庇っているのかと思っていた。

しかし、調査を続けていたスタッフから、ズル休み中の対象者が依頼人の母と楽しそうにランチに出かけたとの報告を受ける。

「まさか……!?」

調査を進めていた私には気がかりな点があった。ズル休みをする日、夫は必ず公園の公衆電話でどこかに電話をしていた。

「自宅に電話を掛けて状況を確認しているのでは……?」

そう思った私は、依頼人に自宅の電話にＩＣレコーダーを仕掛けることを提案した。

依頼人の複雑な心境はすぐに読み取れたが、そうでなければ夫と依頼人の母との明確な関係性は判明しない。心を鬼にしてお願いをしたところ、理解を得ることができた。

数日後、妻はＩＣレコーダーを持って事務所を訪れた。内容を聞いたかと確認すると、ひとりで聞くのが怖いのでまだ聞いていないという。

依頼人の同意を得て、ＩＣレコーダーの再生ボタンを押す。夫の「ただいま」という声が聞こえた。しかし、それ以降、無音の状態が続く。依頼人はこのＩＣレコーダーをダイニングルームに仕掛けたというが、夫と依頼人の母の2人が在宅していてこれほど静かなことがあるだろうか。気になった私は事務所にあった数個のＩＣレコーダーを依頼人に預け、再度、ダイニングルームと依頼人の母の寝室、そして予備で夫婦の寝室に仕掛けてもらうことにした。

その結果、録音できたのは聞くにおぞましいものだった。夫と依頼人の母が夫婦の寝室で愛し合う、生々しい音声が録音されていたのである。事実を知った依頼人は、母親との関係、夫との関係をどうして行くのか、しばらく放心状態で考え込んでいた。

しかし、なぜ夫は妻の母と不義を働いたのか。夫を亡くし気落ちする義母への行き過ぎた同情からか。それとも義母が手にしたという高額の保険金が関係しているのか……。

私の30年と長い探偵生活の中でも、もっとも嫌な調査結果となった案件であった。

【罪深きは人間の欲望　その8】

おんな子連れ狼

報告者：草野敦（ガルエージェンシー日立）

相談者の男性は、30代の公務員。結婚5年目の奥様が、浮気をしている可能性があるという。奥様も30代で1歳の男の子がひとりいる。

奥様はある会社の事務員をしているが、残業はないはずなのに帰りが遅い。奥様が勤務する会社は平日の休みがあるが、時折、その休みの日に子どもを実家に預けて出かけている。この日が怪しい。子どもと一緒に出かけることもあるが、その日は心配ないと思う。土日は夫婦で過ごすので、こちらも心配ない。浮気相手には心当たりがない。奥様の移動手段は、通勤を含め自家用車である。何よりも近頃下着が派手になった……以上の情報をもとに調査を開始した。

予備調査の段階で、奥様の「黒」は濃厚となった。

奥様は、退勤後コンビニなどで時間をつぶし、会社の最寄り駅近くの駐車場で男性を助手席に乗せ、自宅近くの公園の駐車場で1時間から2時間ぐらいその男性と過ごしていた。その後は最寄り駅まで男性を送り、男性は電車で帰宅。奥様は実家で子どもをピックアップして自宅に帰るということを繰り返していた。尾行した結果、男性の自宅や氏名が判明した。男性は奥様の同僚で20代半ば、車を持っておらず、実家暮らしで独身、電車通勤だった。

次は平日の休みの、子どもを実家に預けて外出する日に調査を行った。

その日は、午前9時に奥様が子どもを実家に預けて車で出かけた。相手の同僚が出勤していることは確認済みである。奥様は40分ほど車を走らせ、郊外の大きなショッピングモールへ行った。駐車場に車を停めると、店内の美容室へと入った。その後、美容室を出た奥様は、ウィンドウショッピングをしたり、レストランに一人で入り食事をしたりして時間を過ごした。午後3時ごろ、車に乗り、まっすぐ実家に帰った。その後、子どもとともに6時ごろ帰宅した。この日は、同僚男性との接触はなかった。

また次の、子どもを実家に預けて外出する平日休みの日も調査を行ったが、概ね前回と同様に、一人で買い物をしたり映画を見て過ごして、同僚男性との接触はなかった。だが、その間も出勤した日は男性社員との車の中だけの密会は続けていた。

その日は、子どもを連れて外出する平日休みの日だった。ご依頼者様から、この日は子どもが一緒なので心配ないと言われていたが、念のため調査を行った。「調査のやり過ぎにクレームなし」というのが当社のモットーなのであえて調査を行ったのである。

午前9時、奥様は子どもを後部座席のチャイルドシートに乗せ、家を出た。会社の最寄り駅に停車した奥様の車の助手席に、同僚の男性社員が乗車した。駅前を出た奥様の車は会社を通り過ぎ、郊外へと向かった。到着したのは、郊外にある陸上競技場だった。

その日、その陸上競技場ではイベントが開催中で、奥様、同僚男性、そしてベビーカーの子どもの3人で中に入った。調査員も中に入って様子を窺ったが、芝生席にレジャーシートを広げ、子どもも同僚男性になついているようで、傍から見れば本当の親子のようであった。お昼過ぎ、競技場を出た3人は車で移動を開始した。

さすがに子どもがいるのでホテルはないかと思ったが、3人を乗せた車は競技場から10分ほどのラブホテルに入った。ラブホテルの駐車場に駐車した奥様の車からは、奥様と子どもを抱っこした同僚男性が出てきて、ラブホテル内へと入っていった。約４時間後、ホテルから退出。同僚男性を会社の最寄り駅まで送り、奥様と子どもは帰宅した。

その後の調査も同様であった。ご依頼者様の予想に反し、子どもを実家に預けた日は、同僚男性との接触はなく、子どもを連れて外出した日は必ず同僚男性と会い、３人でラブホテルに行っていた。会社の退勤後の行動も同様であった。

調査が終了し、報告書を作成し、ご依頼者様への調査報告を行った。当然のことながら、ご依頼者様はかなり動揺をしていた。

「なぜ子どもを連れてホテルなんかに行くのか……」

ご依頼者様の疑問は当然である。

差し出がましいようだが、ご依頼者様にひとつ提案をしてみた。

「お子様と、ご主人の親子関係のＤＮＡ検査をしては」

案の定、結果は「親子関係なし」。ご依頼者様は離婚を決意し、慰謝料請求を行った。

奥様は離婚後、同僚男性と結婚した。子どもは、その同僚男性と、奥様の間にできた子どもだと分かった。たまに街で、奥様と同僚男性、そしてあの時の子どもを見かける。

生物学的には実の親子であるが、戸籍上は今どうなっているのであろうか……？

【罪深きは人間の欲望　その9】

据え膳食わぬは男の恥

報告者：村山浩二（ガルエージェンシー埼玉川越）

探偵への依頼で一番多いのは、「パートナーの不倫調査」ではないでしょうか。

今回の調査もそうでした。

依頼主は40代の専業主婦。夫は40代後半の製薬会社の営業マン。帰宅時間はその日によって違うものの、休日は必ず自宅におり、出かける際も家族同伴。不倫の兆候は見受けられなかったのですが、最近「携帯電話を肌身離さず持つようになった」「ときどき女性の化粧品の匂いをつけて帰宅する」といった行動があり、ご依頼者様の「女性の勘」が夫の不倫を予感させたようでした。

不倫調査には大きく分けて2つの目的があります。

まず一つは「不倫や不貞の証拠を集める」こと。もう一つは、不倫がなかった場合、思い込みである等の証明を行い、ご依頼者様に安心を得てもらうことです。

早速ご主人の行動を調査しましたが、通勤には公共交通機関を利用しており、仕事が終わると寄り道もせず帰宅。女性との接触は皆無でありました。

唯一、女性と接点があったのは同僚女性と社用車で営業に出かけるときぐらいでしたが、製薬会社の女性営業が化粧品の匂いをプンプンさせているとは考えづらく、「不倫ナシ」の調査結果を伝えることになるのか、と思い始めた数回目の調査のとき、事態が動いたのです。

この日も対象者は会社の営業車で営業に出かけたのですが、同乗者がいつもの女性とは違って、20代の一見派手な感じの女性でした。ご主人は営業先の病院や薬局を数件回ると、国道沿いにある「ラブホテル街」に営業車を走らせ、一軒のラブホテルに入ったのです。

「ここも営業先なのか？　まさか同僚女性と勤務中に不倫？」

考えを巡らせ、行動監視を続けます。ホテルの退出時間を確認すると、「休憩時間最長6時間」との表示がありました。そこから夕方には退出して帰社するのではと考え、ホテルから出てくる瞬間を確認するため、張り込み調査を開始しました。

張り込みから3時間が経とうとした頃、ラブホテルが急に慌ただしくなり、救急車がやってきました。利用客に急病人でも出たのかと思っていると、次にパトカーがやってきました。

「事件が起きた可能性が高いな」

直感でそう思いました。私は前職で刑事をやっていたのですが、長年の勘がそう教えたのです。救急車は誰も乗せずに戻っていきました。ということは、ホテルの中で誰かが亡くなったのかもしれません。

しばらくして、私服の刑事が数人やってきました。それを見て、間違いなく死者が出たということが分かりました。しかし、誰が死亡したのかは分からず、対象者の営業車は駐車場に駐車されたままでしたので張り込み調査を継続していました。

休憩の6時間が過ぎても対象者たちはホテルから退出してきません。「もしかして何かあったのか」と思い始めたとき、電話が鳴りました。画面を確認するとご依頼者様からでした。

通話ボタンを押すと、ご依頼主の悲痛な声が聞こえました。

「警察から主人が亡くなったという連絡がありました」

亡くなったのは、対象者だったのです。嫌な予感が当たってしまいました。

後日、ご依頼者様から聞いた話ですが、対象者のお相手は新入社員で、ご主人は彼女の教育係の立場にあったそうです。お相手の女性の話では「色々教えてくれる上司がかっこよく見えた」らしく、「据え膳食わぬは男の恥」を地でいった対象者でした。

死因は、心筋梗塞。最後の言葉は「パンツを穿かせてくれ、お前は先に帰れ」だったそうで、真面目なサラリーマンがまさに自分の命をかけた不倫でした。

【罪深きは人間の欲望　その10】

残念な浮気

報告者：村山浩二（ガルエージェンシー埼玉川越）

今回の調査は、30代の女性からの依頼でした。

夫は30代の自営業者。体力がものをいう職種で、自分でも体力自慢な男性でした。勤務ぶりは真面目でしたが、毎日のように酒を飲みに出かけ、帰宅は深夜、休日は1日寝て過ごすという生活を送っています。いわゆる「セックスレス」が長く続いており、ご依頼者様は外に女がいるのではないかと疑っています。家では良き夫・父親であり、不倫を疑うような兆候は見受けられなかったのですが、ご依頼者様の「女性の勘」が夫の不倫を予感させたようでした。

先ほども書きましたが、不倫調査には、不倫がなかったことを証明し、ご依頼者様に安心してもらうという目的もあります。しかし、今回のケースは黒でした。対象者のご主人には行きつけのスナックがあるのですが、閉店後、そのスナックの女性従業員と一緒に店を出て、女性宅に滞在する姿が確認されたのです。

あとはラブホテルにでも行ってくれたら決定的なのだが……。そう考えていたとき、ご依頼者様から耳よりの情報がもたらされます。

「夫が友人たちと日曜日に川遊びに行くと言っています。これまでそんなことはなかったので、怪しいです。女と一緒にでかけるはずです」

尾行をすると、ご依頼者様の予想通り、ご主人はスナックに務める20代後半の女性と、川遊びで有名な観光地にご主人の車で向かいました。川につくと、レジャーシートを広げ、女性が作ってきたと思われるお弁当等を喫食しながら楽し気に過ごす姿を確認しました。ただ、この日の行動では不貞を確認することはできず、「今はデートを楽しんでいる」としか見えませんでした。

熱い炎天下の川べりで2人の行動を確認していると、女性を残し、対象者が川のふちに行き水遊びを始めました。周りには、同じように水遊びをする家族連れなどが多数いたのですが、一瞬、対象者の姿が見えなくなりました。

どこに行ったのか、辺りを見渡してもその姿を見つけることができませんでしたが、女性の方は相変わらずシートに座っていますが、やはり対象者を探している様子です。トイレにでも行ったのかと思いましたが、姿を見失ったことにいやな予感がしました。対象者が女性を驚かすために隠れているのかとも考えましたが、一向に対象者が現れません。

女性も異変に気がついたらしく、周りの人に声を掛けたりして対象者を探しますが、それでも見つかりません。辺りが急に騒がしくなり、消防や警察が出動する騒ぎになりました。

それから数時間後、夕方近くになって対象者が発見されました。水遊びをしていた川べりから少し離れた川底に沈んでいるのが見つかったのです。対象者はすでに死亡していました。

この騒ぎで、対象者の不倫相手の身元が警察や消防により明らかにされ、ご依頼者様に伝わることとなりました。不倫関係にあったことがバレているとは知らない女性は「今日初めて遊びにきました」とご依頼者様に語ったそうです。

この日の出来事は、地方紙の紙面の片隅に載っていました。

今年に入ってから、その場所で亡くなったのは、対象者が2人目だそうです。後にご依頼者様から聞いた話ですが、対象者のお相手とは半年前からの関係であったと言うことで、対象者がスナックに通いつめ従業員女性を「落とした」といいます。世の男性からしたら羨ましい限りですが、結末から考えると「関係者は皆不幸になった」ように思えます。

自分の要望を満たした対象者は幸せだったのか。その答えを知るのは亡くなったご主人だけですかね。

【罪深きは人間の欲望　その11】

親子丼の味

報告者：樋口恵里（ガルエージェンシー西神奈川）

調査が一段落して家に帰り、夜のニュース番組を見ようとテレビをつけた。いきなり画面に飛び込んできたブレイキングニュースに衝撃を受けた。アメリカのツインタワーに飛行機が突っ込んでいく映像だ。これは映画か！　ＣＧか！　と思うような光景で、テロの襲撃だとは俄かに信じがたかった。

そんなショッキングなニュースが報道されていた頃のことである。

相談の予約時間に現れたのは、スレンダーでスタイルの良い美魔女という雰囲気の女性だ。50歳は過ぎているように見えるが、ミニスカートを穿き、スタイルも抜群で、その色気に皆が目を奪われた。

話を聞くとこの女性は超老舗お菓子屋の奥様で、ご主人と娘さんの3人家族とのこと。この日はゴルフの練習帰りだったそうで、鮮やかなピンク色のポロシャツが、幾分、探偵事務所には眩しく映っていた。

さて、この女性の依頼内容はというと、

「女子大に通っている娘の行動を調べてほしいんです。この数か月、メイクが派手になり、おしゃれにお金をかけすぎていて……大学にもちゃんと行っているのかわかりませんし、私とは顔も合わさずコソコソとして話もできない状態なんです。探偵さん、娘の素行調査をお願いします」と、よくある母親の心配事のようではあるが、なにか妙なにおいを感じとっていた。

さっそく、娘さんの素行調査を開始する。娘さんは、母親からのDNAをしっかりと受け継いでいることが一目で分かるほど、魅力的でセクシーな美女だった。

調査を続けて2日目の朝、自宅から出てきた娘さんは、身体の線が浮き出るピッチリとしたセクシーなワンピース姿で、足早に5分ほど歩き、コンビニの駐車場に停まっている白い車両の後部座席に乗り込んだ。その車は街中を抜け、森林公園へと入っていく。そして人目につかないところへ駐車した。

「これは何かあるな……」と頃合いを見て調査員が様子を見に行くと、娘さんは後部座席でよく日焼けした筋肉質の男性にまたがって、あられもない姿で声を上げていたのだ。その男性は某カリスマAV男優によく似た人物だった。

朝の情事を終えた娘さんは、そのまま後部座席に乗り、男性は車の運転を開始する。走り慣れた様子で裏道を通り、娘さんが通っている某女子大前で車を停めた。軽くハグをして、車から降りた娘さんは大学へと入っていった。

その後も車を追跡していくと、車はなんと、依頼人宅の敷地内へと入っていくではないか。

調査員が敷地の奥にある家の中を望遠レンズで覗くと、いくつか広げられた着物や帯を物色している女性が見える。

「ん？　見たことのある女性だな」

と思っていると、なんとその女性は依頼人である奥様だったのだ。

スタンドミラーの前で男性が奥様の肩に着物を掛け、楽しそうに会話している。

「どんな関係なんだ……？」

いぶかしんでいると、そのうちに2人の姿が奥へと消えていくのが見えた。ほどなくして耳を澄ますと、聞こえてきたのは、あの妖艶たる奥様のあえぎ声だった。驚くべきことに娘さんが関係をもっていた男性は依頼人の奥様とも関係をもっていたのである。

情事が終わり、その後2人は、出前のウナギを一緒に食べ、満足げに男性は車で依頼人宅を後にする。見送りに出た依頼人の奥様は、まるで恋する少女のようにトロンとした目でそれを見送っていた。

調査を進めていくと、この男性は某大手百貨店の家庭外商員であることがわかった。どうりで堂々と依頼人宅へ出入りすることができたというわけだ。

女子大生の娘さんの素行調査をした結果は、1週間のうちに2回、このように朝から男性と会ってセックスをし、大学へ送ってもらっていた。

普段の学校の帰りは女友達と適当に遊んでいて、なんと同じ年ごろの男性との付き合いも判明したのである。

調査も進み依頼人に真実を報告する日がやってきた。

母親でもある依頼人には、予想だにしなかった真実の衝撃が強く、悔しさや悲しみなどのいろんな感情で顔が引きつっていた。夫がある身の依頼人が自ら調査を依頼したことで、自らの不貞の証拠を押さえられてしまい、また、その男性が娘とも肉体関係をもっていた、というなんともおぞましい顛末の案件だった。

後日談であるが、知人で家相に詳しい人物から『妻が浮気する家相』というものを聞き、あっ！ と、この依頼人の家のことが思いあたった。

知人によると、南西方向に建物の欠けがあると、その家の妻が浮気に走りやすくなるそうだ。その話の信憑性は如何ばかりかわかりかねるが、この依頼人の家を囲むブロック塀の南西にあたる箇所が崩れているのが目立っていた。現在あの依頼人の家庭も崩れた塀も、修復修繕されていることを願ってやまない。

【罪深きは人間の欲望　その12】

浮気の条件

報告者：草野敦（ガルエージェンシー日立）

ご依頼者様は、コンピューター関連会社に勤務する40代の技術者。

奥様の浮気調査の依頼だった。

調査対象者である奥様は、同じく40代のパート従業員。お子さんは、中学生と高校生の男の子が2人。どこにでもある、ごく一般的な家庭であった。

ことの発端は、ご依頼者様が家族共有のパソコンで、出会い系サイトのアクセス履歴を発見したことだった。家族共有といっても使っているのはほとんど奥様で、ご依頼者様がたまたま使用した際に発見したという。ご主人はコンピューターの技術者なので、解析をした結果、奥様が複数の出会い系サイトに登録し、複数の人物とやり取りしていることが分かった。
以下の情報をもとに、調査を開始することになった。

1、パートが休みの平日が怪しい
2、月に数回、残業と称して帰りが遅くなる日がある
3、パートが休みの日と残業がある日は事前にわかる
4、浮気相手に関してわかっていることはハンドルネームが、1人が「シイ」、2人目が「ヤス」であることで、それ以外にも複数人いる可能性がある
5、浮気が疑われる日は誰と会うか、ハンドルネームが事前にわかる

まず、1人目の相手である「シイ」を調査する。

その結果、2回の証拠を押さえることができた。会うときのパターンは同じで、奥様は自宅の最寄り駅から電車で20分移動した駅の改札で待ち合わせ。10分ほど腕を組んで歩き、同じラブホテルに入る。そのホテルのサービスタイム3時間ぎりぎりで退出し、お茶することも、食事することもなく、待ち合わせた駅で別れた。

「シイ」は40代前半の身長160センチぐらいの痩せ形で、ジャケットに、ジーンズ、ボディバッグを背負ったお決まりの格好で登場する。調査の過程で氏名、住所、勤務先が判明した。自宅は待ち合わせの駅から3駅ほど離れた駅前のいかにも高そうなマンションだった。勤務先は誰でも知っている、有名企業の研究所。既婚者だが、子どもはいなかった。

続いて、2人目の相手「ヤス」。

ご依頼者様からの情報では、この「ヤス」が本命ではないかとのことであった。パソコンの履歴から、付き合いも一番長くやり取りも頻繁に行っているようであった。

調査の結果、「ヤス」とは3回の証拠を押さえた。待ち合わせは毎回電車の中、「ヤス」はいつもハンチング帽をかぶり、大きなリュックを背負って登場した。2人は毎回、新宿駅で降り、歌舞伎町方面に移動し、コンビニで飲み物やスナック類、弁当を買い、毎回同じラブホテルに、午前10時頃に入る。ホテルには6時間から7時間滞在し、ホテルを出た後は新宿駅周辺のデパートや書店に行き、2人で食事をした後、帰りの電車の中で別れた。

「ヤス」は40代半ば、身長160センチないくらいの小柄で小太りな独身男性。自宅は最寄り駅から20分ほど歩いた小さなアパート。近所の町工場の工員だった。


3人目は「レン」。

新たな相手の登場である。

ご依頼者様からの情報で、この「レン」という男性とやり取りを始め、今度会うとの情報を得た。調査の結果、この「レン」とは2回の証拠を押さえた。いずれも待ち合わせは、自宅からは遠い、池袋駅北口の改札前だった。

初めて会っていきなりホテルはないかと思ったが、コンビニに立ち寄った後、いきなりラブホテルに直行した。2時間ほどでホテルを出た2人は池袋駅北口で別れた。

「レン」は40代前半、身長180センチの長身でやせ型、いつもスーツにビジネスバッグを持っていた。調査の過程で、自宅は東京郊外の2階建て一軒家、仕事は個人でコンサルタント業を営んでいることが分かった。ネットで検索するとある大型ショッピングセンターの開発にも関わっており、業界では有名人らしい。既婚者で、子どもは2人いるようであった。

4人目の相手の「ノボル」。

さらに新しい相手の登場である。「ノボル」とは、「レン」と同時期にやり取りを始めた。

調査の結果、「ノボル」とは2回の証拠を押さえた。待ち合わせは、いずれも新宿のとあるデパート1階の化粧品売り場。2回ともまずは居酒屋に入った。そして1時間ほどで店を出ると、ラブホテルに行き、2時間ほどで退出。その後、新宿駅で別れた。

「ノボル」は40代後半、身長185センチぐらいのがっちりした体型で、いつもスーツにビジネスバッグを持っていた。都内に2階建ての一軒家を持つ上場企業の部長で、既婚者で子どもが3人いることも判明した。

その他、不倫はなかったが「マコト」という30代後半くらいの男性とも会っていた。「マコト」は身長180センチぐらいで太めの体型。ジャケットにチノパン、スニーカーといったラフな服装をしていた。印刷会社の従業員で都内のアパートに一人暮らしをしている。

調査を終了して、疑問に思ったのが、この5人の共通点である。やり取りからは金銭の授受は疑われず、援助交際ではないと判断される。

体型や見た目、職業などもばらばらの5人の共通点は何か？

その答えを発見したのは、ご依頼者様ご本人だった。

例のパソコンに怪しいフォルダがあることを発見したのだ。

「P」と名付けられたフォルダの中には、「不」「予備」「合格」という3つのフォルダがあり、それぞれの中に「男性器」の写真が収められていた。「合格」の中には、シイ、ヤス、レン、ノボルのタイトルがついた写真があり、「予備」のフォルダにはマコトの名前があった。どうやら奥様は、逢瀬の相手を「男性器」で決めていたようなのである。

ご依頼者様は、離婚を決意し、弁護士に依頼。奥様に離婚と慰謝料を求め、さらにマコトを除く4人に対しても慰謝料請求を行った。

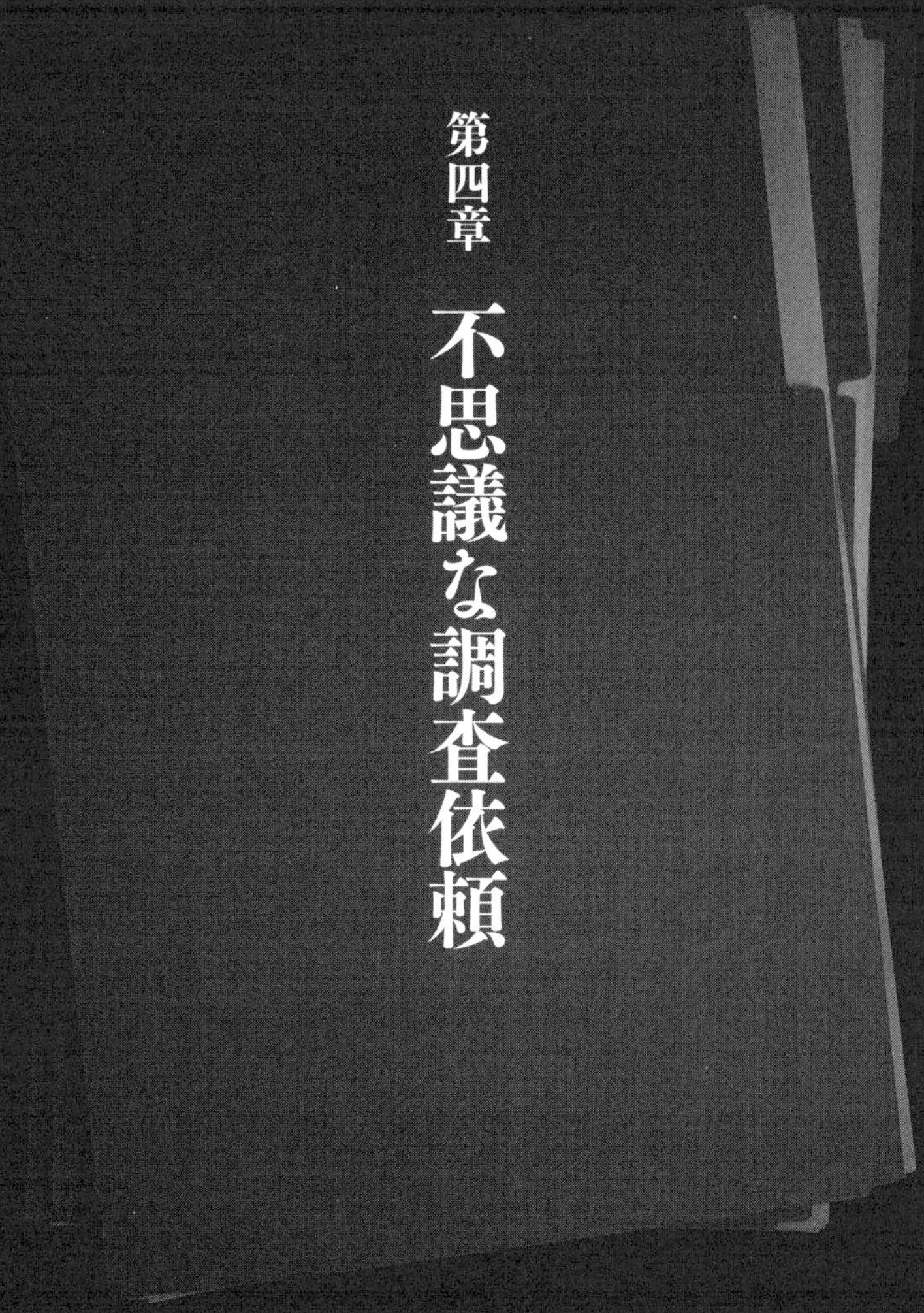

第四章
不思議な調査依頼

【不思議な調査依頼　その1】

海辺をさまよう男

報告者：杉山武司（ガルエージェンシー船橋）

私が探偵になって3、4年ほど経った頃、とても奇妙なことがありました。

それは、ご年配のご夫婦が事務所にいらっしゃったことから始まります。

ご夫婦から受けた相談内容は、一人息子の行方調査。普通のサラリーマンで実家暮らしの50代男性ということでした。

息子さんは1か月ほど前に旅行に行ってくると言い残し、リュックひとつで家を出たそうです。それまでも一人でどこかに出かけて数日後に戻るといったことがあったので、特に行き先は聞かなかったといいます。

きっとすぐに帰ってくるだろうと思っていたそうですが、1週間経っても帰りません。

息子さんの携帯電話にかけると、いつも電源が入っていないというアナウンスが流れます。

心配したご夫婦は、何か状況がわかるかもしれないと息子さんの勤める会社に連絡をしました。すると息子さんは長期で有給休暇を取っていると言われたそうです。

数日後、息子さんからご両親宛にはがきが届きました。

少しやつれた様子のお母さまはバッグからそのはがきを出し、私に見せてくれました。そこには自殺をほのめかすような内容が書かれていたのです。

ご夫婦は千葉県某所の警察に行き、行方不明の捜索願を出しました。ですが、一刻も早く息子さんを探してほしいと私ども探偵社にも行方調査をご依頼されました。

面談が終わった後、私はご依頼者様の自宅に行って対象者の部屋に何か手掛かりがないか調べることにしました。

特に怪しいものは見受けられませんでしたが、部屋の壁中にアイドルの写真が貼られ、CDが山のように積まれていたことがとても印象に残りました。

息子さんが家を出たときの服装は白い長袖のTシャツに白いズボン、ベージュのスプリングコート、リュックを背負い、帽子をそのリュックにつけていたということでした。

春先だったこともあり、荷物は少なかったようです。調べると、数日間過ごせるような下着類の他、携帯電話と財布が持ち出されていることがわかりました。

私はご依頼者様から預かったはがきの消印を頼りに、千葉県某所の郵便局に行くことにしました。まず消印のある郵便局で話を聞き、続いて現地周辺で聞き取りを進めます。数日間に及ぶ調査を行った結果、対象者が宿泊したホテルや利用したタクシーが判明しました。

宿泊したホテルは海沿いにあるリゾートホテルです。

個人情報の関係で宿泊した日は教えてもらえませんでしたが、タクシー会社の運転手からは対象者らしき人物を乗せて、海沿いのこのあたりまで送っていったという話が聞けました。

対象者が立ち寄った場所の周辺でも聞き込みを続けましたが、足取りは掴めません。最後の目撃情報はバスの運転手で、湾岸線の道をひとりで歩く対象者の姿を見たとのことです。

地元の警察署にも行き、作ったチラシを渡して行方調査の協力を依頼しました。

その後も調査を続けましたが、これ以上の情報は出てこなかったため、ご依頼者様と相談をして一旦調査を打ち切ることになったのです。

それから2、3か月後のことです。

私はプライベートで友人と夜釣りに出かけました。

場所は千葉県某所の海岸。偶然にもあの行方調査を行った海岸の近くでした。

到着して早々、釣りの準備を進めていると、海沿いをひとり歩く人影があるのを発見しました。上下とも白い服を着た中年の男性で、遠目にも全身がぐっしょり濡れていることがわかりました。男性はわずかな街灯をぼんやりと反射しながら、海沿いをとぼとぼと歩いて視界から消えていきました。

6月になり気温が上がってきたとはいえ、海水浴をするにはまだ早い時期です。変わった人もいるものだ……と、このときは気に留めませんでした。しかし、何か引っかかっているような、すっきりしない感じがあったのです。

翌日、地元の警察署から「探していた男性が発見されました」という報告がありました。

海岸に漂着したところを釣り人が見つけたそうで、死後2か月経過しているとのことでした。発見された場所を聞くと、最後の目撃情報があった場所の近くでした。入水自殺……海に身を投げたのではないか、というのが警察の見解でした。

身元確認が必要だと言われたので、すぐにご依頼者様に連絡をしました。ご依頼者様が現地に行って遺体を確認したところ、たしかに息子さんだったと泣きながら教えてくれました。

ご遺体が身に着けていた服装は、自宅を出たときと同じ、白い長袖のTシャツに白いズボンだったといいます。

白い長袖のTシャツに白いズボン?

私が見た、あのずぶ濡れの男性は……。

【不思議な調査依頼　その2】

香水の残り香

報告者：渡邉文男［渡邉小夏 著］（ガルエージェンシー本社）

秋が深まり冬が近くなってきた頃の出来事だったと思う。

事務所の電話が鳴り、K子（仮名）から夫の浮気調査の依頼がきた。最近夫が知らない女性の家に度々出向いているのだという。詳しく事情を聞くために事務所にきてもらい面談することになった。

K子はある意味平凡な、どこにでもいる30代の主婦、という印象だった。

話を聞くと、夫の仕事の帰りが遅くなって明け方に帰宅したり、休日出勤や出張が増えていたりして、怪しんだK子は日曜日に会社に行くと出かけた夫をこっそりつけてみた。

すると会社がある町とは違う駅で電車を降り、少し歩いた先のアパートで姿を消したそうだ。近頃の奥様方の行動力は探偵顔負けだなと感心してしまう。

だが、それ以上つけると人気《ひとけ》のない場所なので見つかる可能性があったこと、それに確たる証拠も欲しかったので当事務所に依頼をしたということだ。

ではは女性と会っている写真を撮り、アパートの部屋の契約者を割り出しましょうとその日は打ち合わせを終えた。別の日に改めて退勤時間に会社から出てくる夫を待ち構え、尾行することにした。

対象者である夫はそのまま帰宅する日もあったが、尾行を始めてから何日か経過したある日、いつもとは違う駅で降り、駅前の繁華街に向かった。

夫は派手な格好をした女性（赤いグッチのカバンを持っていた）との待ち合わせに合流し、2人で居酒屋に入っていった。店をバックに後ろ姿を何枚か撮影する。

2時間ほどして店を出てきた2人を正面から写真に収め、一息する間もなく後をつける。地下鉄に乗り、某駅で降りると徒歩数分のアパートの一室に入っていった。

追いかけて入ったアパートの廊下には、強い香水の残り香が充満していた。2人はしばらく部屋の中で話している様子。

最初は笑い声がしていたものの、だんだんと怒鳴り声になっていき、会話の内容まで聞こえるほどヒートアップしていった。どうやらK子の夫は、浮気相手に結婚していることを伝えていなかったらしい。

女性の絶叫する声が廊下に響き渡った。やがて声は聞こえなくなり、部屋の電気も消えた。気が付けば、夜中の2時を回っていた。

K子によると、夫は今日は泊まりで出張だと伝えて家を出たそうだ。2人が話している声も録音できたので、その日は一旦事務所に戻った。

証拠写真と音声ファイルを整理する。今回はわりと簡単に証拠が手に入った。あとは報告書を作り、K子に渡せば今回の仕事は終了だ。この報告書を使って、夫を叱咤するのか、はたまた離婚協議に持っていき証拠として使用するのか、それはK子次第だ。

しかし、2人について調べていた部下の松谷が、信じられない事実を報告してきた。

……K子の夫と浮気相手の女は、数年前に心中して亡くなっているというのだ。

さらに詳しく調べると、結婚していたことを知った浮気相手の女性が、K子の夫と自分を包丁で刺し心中を図ったらしい。場所は2人が入っていったあのアパートだ。

……そんなわけがない。

私はあわてて2人を撮った証拠写真をすべて、報告用のファイルから出した。2人は写っていない。居酒屋の前の道には行き交う人々が写っているだけ。2人の声が入っているはずの音声の録音を再生する。……何も聞こえない。K子を呼ぶ。

「何かあったんですか?」とK子。松谷が、K子にその事実を伝えた。

「その……大変申し上げにくいのですが……K子様の旦那様は数年前にお亡くなりになっています」

K子は夫が不倫相手と心中したことに耐えられず、まだ生きていると思い込んでいたのだ。微塵たりとも私たちをからかってふざけている様子はなかった。そしてK子はしばらく物思いにふけるような、なんともいえない様子でたたずんだ後、黙って報告書を手に取り、表情なく事務所から出て行った。尾行した対象者と浮気相手は、この世に存在しないはずの2人だったのか。

でも私は、あの日あの廊下で、確かに香水の残り香を嗅いだのだ。

これが、私が父から聞いた体験談の中で一番ぞっとした話である。

【不思議な調査依頼　その3】

睨む調査対象者

報告者：矢橋克純（ガルエージェンシー名古屋駅西／三重／伊勢湾）

不思議な話というと、思い当たるものがひとつあります。

最初はよくある浮気調査でした。

依頼人は50代の女性、夫が20年以上も浮気をしており、調査してほしいということでした。

「夫は末期がんなんです。医師からは余命宣告も受けています。ただ、その事実は本人には伏せています。まだ外出や食事も普通にできていますので、本人は治せる気でいるかもしれませんが……」

契約を結び、すぐに予備調査（下見調査）を開始しました。

依頼人の情報に基づいて調査をすると、すぐに夫と不倫相手の女性がいる現場を押さえることができました。

しかし、そこで私は妙な胸騒ぎを覚えました。

浮気調査では、依頼人が自分で調べようとしたり、すでに他の探偵社が調査を行った過去がある場合、調査対象者や不倫相手がこちらを警戒する挙動をとることがあります。私は違和感を覚えつつも、今回の対象者と浮気相手もそうだろうと調査を続けました。

その結果、その女性が頻繁に調査対象者の入院する病院を訪問していること、調査対象者が短時間ではあるものの病院を抜け出してその女性と食事をしていることが判明しました。

しかし、調査が進むと同時に、ある違和感が顕著になっていきました。

それは調査対象者の視線です。

病院で張り込みをしていると、調査対象者が異様に鋭い視線をこちらに向けてくるのです。

不倫相手の女性が病院を訪れるのは、おもに夕方以降の時間でした。調査対象者は病院の駐車場まで女性を迎えに行き、院外の飲食店で食事をしたり、病院内で会話をしたりして過ごしていました。

大きな病院でしたので、駐車場には私たちの調査車両以外にも車がたくさん停まっています。しかし、調査対象者は私たちが乗る調査車両の前で立ち止まると、必ずこちらを睨み付けるのです。

もしかしたら、調査対象者は気づいているのではないか。

依頼人に確認をしましたが、今回の調査は絶対に漏れていないということでした。また、数年前に一度、直接本人を問い詰めたことはあるが、過去に自分で浮気を調査したこともなければ、他の探偵事務所に調査を依頼したこともないということでした。

それが事実かどうかは分かりません。しかし、現実問題として、調査車両が対象者に判別されるということはありえないことです。

「駐車位置を変える」「調査車両自体を変える」「調査員を入れ替える」など、考え得る限りの対策もとりました。ですが、それでも調査対象者はこちらを睨んできます。

やはり車がバレているのではないか。そう思い、調査員を降ろしてカメラをセットしてみたこともありました。そういうとき、調査対象者は調査車両を見ようともしません。こちらを睨むのは、調査員が乗車しているときだけなのです。

調査部で協議をした結果、視線に注意を払いながら証拠収集を粛々と進めようということになりました。

入院中ということもあり、ホテルに入る、不倫相手宅に行くといった不貞行為に直接繋がる証拠は確認されませんでしたが、調査対象者と不倫相手と思しき女性が親密であることが十分わかるだけの結果が得られました。

調査が終了し、依頼人に結果を報告した際、あの視線について尋ねてみました。

依頼人によると、調査対象者には不思議な能力があったそうです。

何かを察知するのか、ときどき「嫌な予感がするから、そっちには行きたくない」などと言うことがあり、阪神・淡路大震災のときにも旅行に行く予定だったのが、直前になって熱が出て、旅行を延期しようと言い出し、その通りにしたところ2日後の旅行日に地震があったということでした。

「大きな事故や事件に巻き込まれたことがないので、夫の言う〝嫌な予感〟が何であったかはわかりません。でも、夫は霊感というものを強く感じるとよく口にしていました」

依頼人はそう言っていました。

調査結果の報告後、しばらくしてから調査対象者が亡くなったことを依頼人から聞きました。

警戒行動と思える挙動が、調査車両やカメラでなく、調査員にのみ向けられるといった摩訶不思議な経験は、長い探偵人生の中でもこの調査案件のみです。

それが霊能力のようなものかどうかは、当事者が亡くなられている今となっては確かめようのないことですが、占いを含めた非科学的なことを一切信じない私でさえ、霊能力や霊感といった表現しか思いつかない、そんな経験でした。

【不思議な調査依頼　その4】

予知夢

報告者：中野あつし（ガルエージェンシー大阪本部）

探偵は、とてもイレギュラーな仕事である。

9～18時の定時はないし、会社に出社して1か月前とまったく同じ行動をすることもない。ルーティンワークとは真逆の仕事だ。

そんな仕事でも特にイレギュラーなのが、探偵の真骨頂、尾行と張り込みだ。調査の対象者がどのように動くのかは調査が始まってみないことには分からないことがほとんど。とても神経を使うストレスフルな仕事なのだ。

この話は、そんなストレスフルな毎日で、たった1日だけノーストレスに過ごせる夢の力を手に入れた話である。

7月某日、横浜。ダッシュボードの上のカメラが溶け出すような日差しが、不眠症ぎみの私の目に刺す様に入ってきた。

運転席に座るパートナーの山田も心なしか張り込み場所を変えたそうに見える。張り込み中は軽口を叩き合う仲なのだが、今は100円のアイスコーヒーをチビチビ啜りチョコバーをかじるだけのマシンになっている。

探偵になって1年半ほど経ち仕事の流れも掴んできたので、突発的な対応もできるようになっていた。

今回の調査対象者の紺野（仮名）は経営者で、いつ出勤するのか分からない。その上、依頼者である妻とは別居中につき、依頼者からの「対象者が自宅を出る」という連絡も期待はできない。一時も目を離せない状況だった。

「早く出てこいって」

山田の今日の二言目は文句だった。私もそう思っていた。

「そうだな」

それしか言えない。南の国が発展しにくい理由が今なら分かる。暑さは人のやる気を削ぐのだ。アルコール臭い汗が鼻につく。二日酔いの自分の体が憎い。

気だるげな空気が車内に漂うと張り込みのやる気もなくなっていく。このパターンは何度も経験があった。

張り込みから3時間ほど経った時だった。突如強い耳鳴りが頭に鳴り響きすぐに静まった。時間にすれば3秒ほどだった。

「……あっ！」

素っ頓狂な声を出した後部座席の私を山田が振り返る。

「えっ？　うそっ！　きた⁉」

すぐに否定をして、説明をする。

「いや、これ、この場面、見たことある……」

意味の分からない説明を山田にする。

「はぁ？」

山田の反応はごもっともだ。エントランスからバケツを持った管理人が出てくると駐車場へと向かう。確かにこの場面を見た記憶があるのだ。

すぐに腕時計を確認する。14時12分。見たことがある。溶けたカップの氷と14時12分。山田が予備のカメラを探す背中も。

「あの管理人が戻ってきたら一旦バケツを置いて背中を掻く」

　すると直後、管理人はバケツを置いて背中を掻いた。あんぐりと口を開けてこっちを見ている山田が目の端に見えた。

「……お前、マジか？」

　山田の狼狽する表情もすっかり分かっていた。

「このあと対象がくる」

　そう言った直後、数秒経過すると、カメラの液晶画面にはエントランスの自動ドアの向こうから現れる紺野の姿があった。

「……気持ち悪いぞお前。暑さで脳みそ溶けたとしか思えん」

　山田のこのセリフも聞いたことがあった。

「夢だ……。これ、夢で見た」

　そこからは紺野がどこに行くのかが手に取るように分かった。予知夢というのかデジャヴというのかは知らないが、その類のものだろう。しかし、勘違いしてほしくないのは、あくまで自分の視界の中の出来事しか分からないということだ。紺野は浮気相手と合流すると映画館へ行き、その後アウトレットでショッピングを楽しんだ。時間は21

時前。いよいよ紺野の車がホテル街へと近づいていく。どのホテルに入るのかが分からないため、いつもこのタイミングになるとそわそわしてしまうのだが、今回ばかりは違った。

「あの『ホテル　マリーナ』に入る」

対象者の紺野は一つも警戒することはなく、にやつき顔でホテルへと浮気相手とともに滑り込んでいった。ホテル入りの証拠を撮るときも、私の心は今までにないくらい落ち着いていた。これほど緊張せずに調査ができたのは初めてだった。

「お前、今日は冴えてんな」

山田が茶化すように言う。楽な調査になってうれしいのだろう。

「緊張しないから、なんか拍子抜けした気分だなあ。胃も痛くならないし」

不思議な気分だった。


無事に調査を終えた私は、いつものコンビニで店員に笑顔を見せた。

その日だけは潰瘍気味の胃にビールが染みることはなかった。10分でビールを飲み終わると布団に転がり眠った。良い寝つきだった。次第に夢を見始めた。

「……浜市のマンションで女性が男性を……ようなもので刺すという……事件が……」

夢の中でニュースキャスターらしき人物が何かしゃべっている。強烈なのどの渇きを覚え、飛び起きて目を開けると、すっかり陽が昇っていた。うすぼんやりと覚えているその日の夢は大したことのないニュース映像だった。耳鳴りを除けばすっきりとした朝に違いなかった。

数か月ほど経った頃、暇を持て余し事務所で西日に照らされながらテレビを見ていた。面白いニュースはないかとワイドショーばかりのテレビをザッピングしていた時だった。テレビ画面のテロップには横浜市で殺人未遂事件が起きたとの見出しが映っていた。何の気なしにリモコンを滑らしていた指を止めた。するとそこには7月に調査をした紺野のマンションが映っている。キャスターは淡々と事件の内容を述べる。

「昨夜、横浜市内のマンションの一室にて刃物を持った女性に男性が刺される事件が発生しました。なお、女性と男性は婚姻関係にあり、警察は事件の詳細を調べている模様です」

逮捕された女性がアップで映し出される。名前、年齢、顔……すべて7月に紺野の調査を依頼してきた人物に合致した。

依頼者は調査報告書を渡したときは、ただ俯いて言葉少なげに報告に相槌を打つだけだった。まさかそれほどに精神が追い詰められていたとは。

気分の悪くなった私はテレビのチャンネルを即座に変えると、トイレへと足早に入り顔を洗う。他の調査員達はまるで気づいていないようだった。

たしかに何の変哲もない浮気調査だったのは事実である。しかし、私には違った。あれだけの冴えを見せた案件だった上に、またもや見えたのだ。西日にあたりながらチャンネルをザッピングする私自身の視界が。そしてニュース番組の映像が……。

【不思議な調査依頼　その5】

階段を上る足音

報告者：竹村勝己（ガルエージェンシー長野）

探偵であっても解決できなかった、そんな不思議な案件をご紹介しよう。
ある閑静な住宅街の一軒家にひとりで暮らす、50代女性から依頼を受けた。
「夜になると階段を上る足音がする。怖くて眠れないから調査をして欲しい」
そういう依頼内容だった。
侵入者がいるのか？　それとも他に要因があるのか？
依頼者と入念な打ち合わせを行い、調査の方針が決まった。
調査の方針については以下の通りだ。

・女性スタッフが依頼者と同じ部屋で待機し、状況を窺う
・階段にカメラを設置
・男性スタッフは自宅周辺で張り込みを行い、侵入者の確認を行う

この3つの方針で調査を開始することになった。
日が暮れた21時に調査をスタートした。
0時、異常なし。
1時、女性スタッフから連絡。
「なにか足音が聞こえる。明らかに何者かが階段を上ってくる足音がする」
すぐさま外で待機している男性スタッフに連絡をした。
「誰かを見かけていないか!?」
しかし、「侵入者はなし。外部には一切の異常はなし」という。
そこで問題の階段に赴いてみた。
現場を入念に確認するも誰もいない。カメラを確認するも何も映っていない。
カメラは映像だけでなく、音声も記録できる。音声を確認したが、なぜか足音が記録

されていない。

そうした状況が5日間続いた。

足音の正体は何なのか……。

建物に異常が発生している可能性も踏まえて、建築業者に検査点検をしてもらったが異常はない。原因が分からないまま10日が過ぎた。

ここで状況を改めて整理してみることにした。

・依頼者はひとり暮らし
・旦那様は12年前に他界している
・娘が2人いるが嫁に行き、現在は離れて暮らしている
・旦那様が他界した後、犬を飼ったがその犬も半年前に亡くなってしまった
・依頼者の趣味はガーデニング。自宅の庭は雑草もなく、綺麗に整えられている

そんな普通の女性が日常の生活を脅かされるほど悩んでいる。

私は「何とか力になり、解決したい」と強く思った。

〝階段を上る音〟の正体は何なのか。

必死に解決策を考え、調査を行うも解明できない。

〝階段を上る音〟はするのだが、誰もいない。

長年探偵をやっているが、こんなことは前例がなく、私たちは悩みに悩んだ。

そんなある日、依頼者宅のポストに「保護犬の里親募集」のチラシが入っていた。

ひとり暮らしの依頼者は、興味があるようだった。

後日、女性スタッフが付き添い、保護犬を見に行った。依頼者はそこで一匹の犬と出会い、その犬を引き取ることに決めた。

犬が自宅にきてから、依頼者の顔が目に見えて明るくなった。

そうしてもうひとつ、大きな変化があった。

犬と一緒に寝るようになってから、〝階段を上る音〟が一切しなくなったというのだ。

依頼者から報告を受けて、自宅に向かった。前回と同じ調査を数日間行い、〝階段を上る音〟を確認する。

音はたしかに消えており、依頼者は再び日常を取り戻すことができた。

結局、〝階段を上る音〟の正体は何だったのか。

私はオカルトなど、不確定なものは信じていない。

しかし今回の案件で、世の中には説明のつかない事象が起こることを知った。

依頼があったときから2年が経っているが、今日まで〝階段を上る音〟はしていないという。

依頼者は今でもその保護犬と仲良く暮らしている。

【不思議な調査依頼　その6】

侵入者の正体

報告者：吉田容之（ガルエージェンシー横浜駅前／千葉駅前）

数年前の8月某日、神奈川県内に住むご年配の女性Aさんから依頼があった。

地元でも名のある会社を経営していたご主人が亡くなり、お子さんも独立。Aさんは現在、大きな邸宅にひとりで住んでいる。最近、その家に異変があるという。

「寝ている間に誰かが家に入ってきてるみたいで……朝起きるとグラスとか歯ブラシとかの場所が少し動いているんですよ、なくなっちゃう物もあるし。警察にきてもらったこともあるのだけれど、誰も入った形跡がないので気のせいだって言われて……だから探偵さんに写真とか証拠を撮ってもらいたいの」

実はこうした相談は、お年を召した方からよくある。多くの場合は「物盗られ妄想」

であるケースが多い。

「物盗られ妄想」は認知症でよく見られる被害妄想の一つで、自分で場所を移動したり捨ててしまったりしたことを忘れてしまい、「誰かが家に入って盗んだ」と思い込んでしまう状態をいう。ただ、Aさんのケースは異変が生じた際は日時を詳しく記録しており、物が移動している場合は携帯電話で写真を撮っていた。認知症や被害妄想の可能性が低いと判断した我々は、事実確認のためにAさん宅の周りや室内の複数か所にビデオカメラを設置し、調査期間1週間の予定で夜通し撮影することにした。

撮影を始めて5日間は特に何事もなかった。撮影データを確認している調査スタッフも「もしかしたらAさんの勘違いなんじゃないですかね」と緊張感がなくなりかけていた頃、6日目の撮影が終わった早朝にAさんから「キッチンの食器が動いて場所が変わってる」と連絡が入った。

急いでAさん宅に行き、録画データを回収して事務所で見返してみたが、怪しい人物などは映っていなかった……と思われたが、朝方4時頃にAさん宅の庭に面したテラスから室内に入ったように見える〝人ではない黒い影〟が映っていたのだった。

しかし、カメラを設置した角度が悪かったのか、庭に植えてある樹木の葉が風で揺れる際に時折カメラレンズの一部を遮っていたため、葉の影が映り込んで〝黒い影〟として撮影されてしまった可能性があった。

そのため、調査期間を数日延長してビデオカメラを設置し、明け方まで撮影を続けたところ、今度は朝方の5時頃にテラスから閉まっている窓を通り抜けるようにしてキッチンへ入る〝黒い影〟がはっきりと撮影されていた。

その〝黒い影〟はキッチンに入って少し留まると、その後はAさんの寝室前に移動してしばらくすると消えた。Aさんによると、その日も朝起きてキッチンに行くと寝る前に水を飲むときに使った、シンクに置いてあったグラスが少し動いていたという。

その後もテラスとキッチンを往復する影や玄関方面に移動する影が撮影されたが、最後には決まってAさんの寝室前に少し留まり、スッと消えていた。Aさんによると影が撮影された朝は、必ず歯ブラシやグラスなどが少し動いているという。

調査スタッフたちは「これって心霊現象ですよね?」「ポルターガイスト?」などと薄気味悪がっていたり、「こんな映像、初めて見た」などと興奮したりしていたが、私は少し驚いたものの怖さはあまり感じなかった。というのも、なんとなくであるが、〝黒い影〟の正体に自分の中で無意識の内に見当をつけていたからかもしれない。

その後、Ａさんに〝黒い影〟が映っている場面だけを編集してまとめた録画データを見てもらうと、驚いたような、安心したような、なんとも複雑な表情で涙を流した。

「こんなことをいうと気味悪がられるかもしれませんが、この影みたいなのは多分……いいえ、間違いなく主人だと思います。主人がまだ生きていて元気だった頃は、私が目覚める前の早朝にテラスから出て庭の花にお水をあげたり、雑草を取ったりと庭いじりをして、キッチンでお水やお茶を飲んで寝室に戻ってきていたんです。私が寝る前に水を飲むのに使ったコップを〝洗い物が増えると大変だろう〟なんて言って朝にそのまま主人が使うこともありましたから、コップが動いたのもそういうことかもしれません。もしかしたら私を残して逝ったことが心配で、この家に残ってくれているのかもしれないですね。さもなければ、一周忌もとうに過ぎたのに、自分が亡くなったって思いたくなくて、まだ生きているつもりなのかもしれません。私を起こさないように早朝だけ動き回って……あの人は優しい人だったけれど、変に頑固だったから。私の心配よりも、あまり手が回らなくて雑草が増えてきた庭を心配しているだけなのかもしれないわね」

Ａさんはテラスを見つめながらそう話してくれた。

探偵が夏になると思い出す、忘れられない不思議な依頼だ。

【不思議な調査依頼　その7】

死者の意志

報告者：兼子季之（ガルエージェンシー愛知豊田）

探偵業も時に駅前でチラシを配ることがあります。

ある日、チラシを配っている最中に年配の女性から声をかけられました。折り入って相談したいことがあるので、自宅まできてくれないかというのです。

案内されたのは、住宅街にある立派な一軒家でした。

通されたリビングで、改めて話を聞きます。

相談というのは、人探しでした。

そのご婦人には義父がいるのですが、これまでとても世話になってきたといいます。

自宅の建設費や子どもの進学にかかる費用など、大きなお金が必要なときはいつも義父が出してくれました。

何か恩返しができないか。そう考えていたときに、義父が体調を崩して入院をすることになりました。医師からは、年齢が年齢なので再び家に帰ることができるかわからない、と言われたそうです。

いつ何があってもおかしくない状況です。ご婦人はせめてもの恩返しと、無人になった義父の家に行き、掃除をしていました。そのとき、仏壇のそばにあった書物の中から古い日記を見つけたのです。

日記には、義父の妹のことが書かれていました。義父に妹がいたことを初めて知りましたが、日記の記述によると、幼い頃に事情があって生き別れになってしまったようです。義父は日記の中で、妹の身を案じ、できることなら再会したいと綴っていました。

お義母さんが数年前に亡くなってから、ずっとひとりで生活していたお義父さん。

息子である夫も妹がいたとは聞いていないと驚いていたそうです。

お義父さんはずっと息子夫婦に黙っていたのでしょう。

「義父の妹を探してほしいんです」

それがご婦人の相談でした。

ご婦人から行方調査の依頼を受け、妹さんを探すことになりました。

調査方法については詳しくは書けませんが、時間をかけてなんとか妹さんのその後を突き止めることができました。

妹さんは生まれてすぐ養女に出された後、6歳のときに病で亡くなっていました。

どこかにお墓があるかもしれない。そう思い、妹さんの養親の家があった愛知県豊田市から名古屋市全域にかけて順番にお寺を聞いて回りました。そして、ついに岐阜県内に妹さんのお墓があることを探り当てたのです。

早速、その墓地を訪ねました。山を切り拓いて造られた大規模な墓地で、新しいものから年季が入ったものまで、数えきれないほどの墓石が並んでいます。到着した時点ですでに夕方になっていたため、本格的な調査は明日にし、予約していた近隣の温泉地の宿に向けて車を走らせました。

車が山道に差し掛かったとき、奇妙な現象が起きました。

突然、カーステレオとカーナビが消えました。ナビの画面を見ると真っ黒になっています。

「故障かな？」

過去にこんなことは一度もなかったので、不思議に思いながら確認のために車を路肩に停めました。ステレオやナビのボタンを触ってみましたが、何の反応もありません。

ふと周りを見渡すと、あたりには街灯がなく、真っ暗闇で背筋がぞわっとしました。

気味が悪いので、カーディーラーに電話をして緊急の対処法を尋ねました。ディーラーはエンジンを切って、もう一度かけたらナビがつくかもしれないと言います。

言われたとおりに、鍵を回し、エンジンを切ってみました。

一呼吸置いて、再びエンジンキーを回します。

しかし、何も起こりません。セルモーターすらかからないのです。こんな気味の悪い山中に取り残されるのは、ぜったいに御免です。焦った私は、何度もエンジンをかけようと試みました。しかし、一向にかかる気配がありません。

このまま朝を待つしかないのか……。

そう諦めかけたとき、背後に妙な気配を感じました。

……後部座席に誰かいるのです。

この車に乗っているのは、私ひとりです。途中で誰かを乗せたりなんかしていませんので、それがあり得ないことは分かっています。でも、それでも、やはり誰かが後ろに座っている気がするのです。

後部座席にいる何かは、こちらを見ているのか、強い視線を背中に感じます。

そうこうしているうちに、猛烈な寒気が襲ってきました。

私は怯えながら、ゆっくり後ろを振り返りました。

後部座席には誰もおらず、ただ空間が広がっているだけでした。でも、目に見えない何かがいる……。何者かに見られている感覚はどんどん強まっていくようでした。

私は混乱しながらも、自分を保つために一生懸命に頭を回転させました。

もしかしたら、さきほどのお墓から誰かがついてきてしまったのかもしれない。

仮にそうだとしたら、ついてきたのは妹さんなのではないか。

私に見つけてほしくて、足止めをしたのではないか。

「ごめんなさい！　必ず明日、探します！」

妹さんに聞かせるように、大きな声で何度も言いました。

すると車内の空気が変わりました。

後部座席の気配は消え、あの猛烈な寒気もなくなったのです。

改めて車のキーを回してみると、エンジンは一発でかかりました。カーステレオとカーナビも何事もなかったように動き出しました。

無事に辿り着いた宿で体を休めた後、翌朝、妹さんのいるお墓へ向かいました。

探し始めてから1時間かからず、妹さんの墓石を発見することができました。

長いこと放置されていたのか、墓石の周りには雑草が生えており、墓石も汚れていました。私は周囲の雑草を抜き、墓石を綺麗に拭き、お花を供えて帰りました。

後日、ご婦人に妹さんのその後と、お墓のある場所を報告しました。

亡くなっていたことは残念がっていましたが、お義父さんも妹さんの行方が分かってきっと安心するだろうとほっとされていました。

しかし、あれだけの数の墓石の中から、1時間かからず妹さんのお墓を発見できたという事実は、偶然を超えた何かの導きを感じずにはいられません。

あのとき、後部座席に乗っていたのは、やはり妹さんの霊だったのでしょうか。

【不思議な調査依頼　その8】

霊を映す秘密道具

報告者：大藤史生（ガルエージェンシー鹿児島中央／宮崎中央／熊本中央）

探偵をしていると、依頼者様や友人から、危険な目や怖い思いに遭遇したことはないか、とよく聞かれます。

そんな時に思い出すのが、ある夏の日の調査です。

それは「今年一番の暑さ」を連日更新していた猛暑が続く日でした。

依頼人は奥様。よくある普通の浮気調査の相談でした。

夫が会社の同僚女性と不倫をしているらしく、こっそり見たＬＩＮＥのやり取りから、相手も特定できている。昔から夫は車が趣味で、夜遅くにドライブをしにひとりで外出をしているが、その際に不倫相手と逢っている可能性が高い、といいます。

そこまで分かっていれば、調査は簡単です。夜、ドライブに行く夫を尾行して、浮気相手と接触するところを撮影すればいいからです。

ただ、私にはある気がかりがありました。

夫が浮気相手とのＬＩＮＥの中で待ち合わせ場所に指定していたのは、とある公園の駐車場でした。夫はお小遣い制で、自由に使えるお金を持っていません。となると、逢瀬の場所はお金のかからないところということになります。

実際、夫が指定した公園は、夜間の人出が少ないため、カーセックス・スポットとして有名でした。探偵には対象者がどんな場所でどんな行為に及ぼうとも、依頼人のために不貞行為の証拠を確実に押さえなければならないという使命があります。プロの宿命といってもいいでしょう。

調査当日、いつも通り、夫は何食わぬ顔をして依頼人にドライブに行くと告げ、家を出て行きました。

この日は、浮気相手と会う約束をしていることを事前に確認済みです。

間隔を空け、夫の車を尾行すると、情報通りいつもの公園の駐車場に到着しました。

同僚の女性はすでにきていたようで、対象者の車が到着するなり、近くに停めていた自分の車から夫の車に移ってきました。

ちなみに、カーセックスによく利用される公園の特徴を挙げておきましょう。

・近隣に民家がなく、エンジンをかけても迷惑にならない。
・駐車場の出入口が施錠されず、24時間開放されている。
・徒歩で訪れる場所ではない

これらの特徴を兼ね備えた公園は、スポットに選ばれやすい傾向があります。

さて、話を戻しましょう。

すでに夜は更けており、駐車場に設置された外灯はすべて消え、辺りは真っ暗闇です。他に駐車する車がないため、調査車両は少し離れた場所に停めました。肉眼で車内の2人を捉えることはできませんが、車から漏れてくる笑い声が状況を教えてくれます。

しばらくして、笑い声が消え、車内でシートを動かすような音が聞こえました。行為が始まる合図です。

ここで出番になるのが、探偵7つ道具のひとつ、赤外線ライトです。

赤外線ライトは、普通の懐中電灯と同じ形をしていますが、赤外線付きのビデオカメラと併用することで、より強力な光線を吸収し、暗闇でも明るく照らすことができる代物です。明るくといっても赤外線のため、肉眼で光を捉えることはできません。これを使えば、相手に照らしていることを気づかれることなく、撮影することができるのです。

2人の車に近づくと、赤外線ライトを照射したうえで撮影を開始しました。

車は一見すると、すべての窓にスモークフィルムが貼られているようでした。しかし、こちらが手にしているのは、強力な赤外線を照射する秘密兵器。わずかな隙間があれば、車内の様子が一部始終確認できます。

静かにポイントを探していると、目張りの間にわずかな隙間があるのを発見しました。中を覗き込むように撮影すると、2人は服を脱がせ合いながら、激しいディープキスをしていました。

その後も、女性が夫の下腹部に顔を埋める姿、そして体位を変えて身体を密着させながら激しく打ち付け合っている姿まで、映像に刻一刻と収めていきます。

その時、カメラの液晶モニターに映る夫の車の背後に、何か人影のようなものが見えました。

まさか、こんな時間に人がいるはずがない……。

肉眼でその方向を確かめますが、真っ暗なので何も見えません。

再びカメラの液晶モニターに目をやると、さきほどの人影が確実に近づいてくるのが見えます。これだけ近づけば肉眼でも見えるはず……そう思い、カメラが向けられた方向を確認しますが、やはり何も見えません。確実に近くにいるはずなのに、見えないのです。

私はパニックになりかけながら、カメラの液晶モニターを凝視しました。

人影は車に至近距離まで近づくと、中をゆっくりと覗き込みました。そうして右手をズボンの中に入れると、ゴソゴソと動かし始めたのです。

そう人影は幽霊でもなんでもなく、ただの覗き魔でした。

正体が分かり、ほっと安心しましたが、考えれば迷惑な話です。

こちらはプロの使命のもと、真剣に仕事をしているのです。そんなに接近して対象者にバレたらどうするんだ！　思わず怒りがこみ上げてきました。

しかし、こちらは近づくこともできなければ、話しかけることもできません。できるのは、ヒヤヒヤしながら男の行動がこれ以上過激にならないよう祈ることくらいです。

それからしばらく経ち、車内の２人、そして車外の１人は満足した様子で逝き果てました。

覗き魔は、赤外線で照らされていたとも知らず、再び静かに暗闇に消えていきました。

無事に調査を終え、後日、完成した調査報告書を依頼人に渡しました。

「バッチリ証拠は撮れましたが、びっくりしないでください。証拠の動画には、少しショッキングな映像が含まれます」と、注意を添えて……。

【不思議な調査依頼　その9】

恩師へのお礼

報告者：田川純一（ガルエージェンシー新橋／武蔵小杉）

探偵には、様々な依頼が寄せられます。

一番はやはり浮気調査ですが、その他にも結婚前の身辺調査であるとか、行方不明者の調査が多いでしょうか。

ひとくちに行方不明者の調査といっても色々なものがあります。なかでもとりわけ注意を払わなければならないのが、ストーカー行為を目的とした行方調査です。実際にストーカーが対象者との関係性を隠して、行方調査を依頼してくるケースがあるのです。

ガルエージェンシーでは犯罪に加担することがないよう、少しでもそのような疑いのある依頼や不審な点がある依頼は受けないことにしています。

そんな行方調査の中で、今でもはっきりと覚えている案件があります。

それはもう10年以上も前のことでした。

ある日、年配の気品のある女性が、相談にいらっしゃいました。

昔、お世話になった恩師を探してほしいとのことでした。

このような場合は、慎重な対応が必要になります。本当の理由は、ストーカー行為目的かもしれないからです。年配の女性だからといって、ストーカーにならないとは限りません。たとえ見た目に気品があったとしても、その人の本性は分からないのです。

私はなぜ今頃になって、恩師を探すことになったのかを尋ねました。

「自分が病気をしていることが分かったからです」

依頼人の女性は少しうつむいて続けました。

「医師の話だと、余命は1年から2年だそうです。余命を宣告されてからしばらく、ショックで動けませんでした。でも、塞ぎ込んでばかりいてもしょうがないですから……。残された人生を少しでも有意義なものにするために、やり残したことをできるだけやりたい。恩師には30年前たいへんお世話になったのですが、諸事情があってお礼を言えず仕舞いでした。もう一度会って、きちんとお礼を伝えたいんです」

その言葉に嘘はないように見えます。

私はご依頼者様に行方調査の基本的なルールをお伝えし、身分証などの確認を済ませた後、この調査の依頼を受けることにしました。


しかし、調査は難航しました。

ご依頼者様から与えられた情報は、対象者の名前、一部家族構成、30年前に住んでいたという住所のみ。その住所というのも弊社の近くを例に出すと「虎ノ門駅から徒歩で、南の方向に5分くらい」というレベルの、かなり広範囲なものでした。しかも現地に行くと再開発が進んでおり、当時の面影がまったく残っていません。

勘違いをされている方もいらっしゃいますが、行方調査というのはすぐに結果が出るものではありません。膨大な量の資料を調べ上げ、聞き込みを重ねるといった地道な作業が求められます。

当初のお約束の3か月間、調査を続けましたが、ほとんど何も成果が出ませんでした。

ご依頼者様が調査の継続を希望されたので、さらに1か月期間を延長させていただきました。その1か月も終了間近になり、諦めかけたとき、あるひとつのきっかけから急速に事態が進展しました。

ついに恩人である教師を知る人に行き当たったのです。その方は居所に直接つながる情報は持っていませんでしたが、調査対象者の家族のことを知っているという方を紹介してもらいました。すると、最後の1週間でどんどん情報が集まり、結果として対象者の家族の所在を掴むことに成功したのです。

ご依頼者様に、ご自身の名前、探している理由を相手に開示することの承諾を得て、対象者の家族に会いに行くことになりました。家族の方はご依頼者様のことは記憶になかったようでしたが、事情を話すと快く対応していただきました。

そこで分かったのは、恩師である対象者はすでに2年前に他界しているということでした。

お墓参りを許可していただいたので、ご依頼者様と教えられた墓所に向かいました。

驚くことに、墓所はご依頼者様の自宅のすぐ近くにありました。

30年前、ご依頼者様と恩師が初めて出会った頃は、それぞれ今の墓所からは遠く離れた場所に住んでいました。それが今、こうして自宅のすぐ近くに墓所を構えている。不思議な因縁を感じずにはいられませんでした。

ご依頼者様は墓所に手を合わせると、30年前に受けた恩に対する感謝の気持ちをお伝えになりました。胸のつかえが取れたように、スッキリとした表情をされていたのが印象的でした。


それから数か月後、ご依頼者様から連絡がありました。

病状が悪くなり、最後の挨拶をしてくださったのかと思いましたが、驚くことに病状が奇跡的に回復に向かっているといいます。

さらにその1年後には、病気が完治したとの連絡をいただきました。

もちろん、病院での適切な治療や、薬、食事の効果が大きいとは思います。

しかし、長年、心に引っかかっていたものを取ることができたことも、ご依頼者様が回復された遠因になったのかもしれません。

そうだとすると、ご依頼者様はその恩師に人生で二度助けられたことになります。

本当、世の中には不思議なことがありますね。

【不思議な調査依頼　その10】

探偵の醍醐味

報告者：松本努（ガルエージェンシー仙台青葉／郡山／山形）

蝉時雨が止みだしたある夏の終わり頃、私が経営する山形県の探偵事務所『ガルエージェンシー山形』の電話が鳴った。関西在住の30代の奥様からの電話である。

「夫が私に内緒で借金をしていました。それが発覚することをおそれて、夫が自殺を目的とした家出をしました。そして、昨日、山形県山形市の駅前から発送した手紙と荷物が届いたんです」

今回の事案は緊急性が高いと判断し、私は相談者の了承を得て、早速調査についた。

「何か手がかりがないものか……」

と方々へ詳細を確認していく。すると九州の母親に夫から謝罪の電話があったことが

判明した。事情を知っていた母親は涙ながらに謝罪する息子をなだめ、なんとか居場所を聞き出したそうだ。すると、

「タカダマ……」

と息子さんは答えたそうである。

関西在住の息子と九州の母親との会話を、関西生まれの妻経由で、東北の探偵に伝える。各地の方言が交じることや、イントネーションが異なることも考慮し、まずは山形県内の駅名をピックアップすることにした。

しかし、何度調べても山形県内に「タカダマ」といった名称の駅は見当たらない。早く見つけないと命の危険がある。焦りを抑えて、様々な方向から考えを巡らせる。「タカハタ」「サカイダ」とニュアンスの近い駅名が浮かび、すぐに調査員5名を出動させた。

だが、調査初日に聞き込みを行うが手がかりがない。いわゆるあたりが〝まったくない状態〟であった。

「タカダマ、タカダマ、タカダマ……。自殺するとしたら山か海だろう」

山形県には名前の通りに山がたくさんある。しかし、ＪＲの駅から山に向かうとすると、どこになるだろうか？　「サカイダ」なんて山の中の駅だから条件的にはぴったりだが……こちらも調査を進めると違うことが判明した。

「山じゃなければ海か？　海に近い駅で〝タカダマ〟に近い駅はどこだろう？」

私は思案を巡らせ、俯瞰して物事を見るようにした。

すると、突然、ある答えが浮かんだ。

それは今まで得たことがないような、不思議な感覚の閃きだった。

「もしかしたら4文字じゃなくて3文字の『サカタ（酒田）』なのではないか……」

私はＪＲの酒田駅に再び調査員を急行させた。

酒田駅を中心に東西にエリアを分けて調査員が捜索範囲を広げていく。

2時間ほど捜索を続けていたその時。ついに下を向きながら道端をトボトボと歩いている男性を見つけた。ご主人だ。

「○○さんではありませんか？　私は奥様からご依頼を受けて、あなたを捜していた探偵です」

ご主人は驚き、警戒した様子でこちらを見ていた。だが時間が経つごとに、その顔から力がスッと抜けていくのがわかった。

「はいそうです。○○です。そうですか……妻が依頼したのですね」

その緊張の解けた表情に私はホッとした。

「もう安心だ」

時間がなく非常に難しい調査ではあったが、なんとか無事にご主人が行動を起こす前に自殺を防ぐことができたのである。彼の所持金は1万円を切っていた。

もう少し遅ければ危ないところだったかもしれない。

その後、依頼者へご主人の無事を連絡し、彼の身柄を警察に引き渡した。そして関西から実兄が飛行機で迎えにやってきて、無事に家出捜索の任務を終えたのである。

後日、依頼者からは、

「夫であり、子どもたちの父親の命を救っていただき、本当に本当にありがとうございました。夫には会社を辞めてもらいます。また一からやり直します」

と感謝の電話を2回いただいた。

余談だが、この事件があった後、調査員との親睦会のときには、

「一生に1回、一人の人間の命を救えたら最高だよな！」

ご主人を見つけたことを、勤務してくれているすべての調査員と喜び、称え合った。

私は探偵の醍醐味は行方調査だと思っている。スタッフ全員で捜索を行い、無事に見つけて家族の再会に立ち会う。そのとき、家族のわだかまりが一瞬でなくなるのが空気でわかる。家族の再会の瞬間には、こちらももらい泣きすることが多い。

怒涛の3日間の調査であった。

これが、私の調査によって人命を救うことのできた話の一つである。

編者紹介

総合探偵社ガルエージェンシー

1980年に渡邉文男により設立された「オークラ調査事務所」が前身。1992年に「ガルエージェンシー株式会社」へと社名変更。現在、全国に120社以上の支店を持つ。浮気調査はもちろんのこと、行方調査や素性調査など様々な調査を受件。業界初となる探偵の学校「ガル探偵学校」も運営している。探偵という特殊な職業柄、調査員はしばしば怪奇現象や不可思議な事件に遭遇することが多く、心霊体験に遭遇したり人の闇を垣間見ることも多々。

探偵怪談 ～探偵が実際に調査した人間にまつわる42の怖い話～

2023年7月20日　第1刷

編　者　総合探偵社ガルエージェンシー

発行人　山田有司

発行所　株式会社　彩図社
東京都豊島区南大塚3-24-4
MTビル　〒170-0005
TEL：03-5985-8213　FAX：03-5985-8224

印刷所　シナノ印刷株式会社

URL https://www.saiz.co.jp　Twitter https://twitter.com/saiz_sha

ISBN978-4-8013-0668-4 C0095